SABERES DA FLORESTA

coleção
INSURGÊNCIAS

MÁRCIA WAYNA KAMBEBA

—

SABERES DA FLORESTA

—

jandaíra

São Paulo | 2025 | 1ª Reimpressão

Copyright © 2020 Márcia Wayna Kambeba

Todos os direitos reservados à Editora Jandaíra, uma marca da Pólen Produção Editorial Ltda., e protegidos pela Lei 9.610, de 19.2.1998. É proibida a reprodução total ou parcial sem a expressa anuência da editora.
Este livro foi revisado segundo o Novo Acordo Ortográfico da Língua Portuguesa.

Direção editorial
Lizandra Magon de Almeida

Coordenação da Coleção Insurgências
Neide Almeida

Coordenação editorial
Luana Balthazar

Produção editorial
Mariana Oliveira

Revisão técnica
Ricardo Tupiniquim Ramos

Revisão
Alex Criado

Projeto gráfico, capa e ilustrações
Nina Vieira

Diagramação
Cassimano

Dados Internacionais de Catalogação na Publicação (CIP)
Maria Helena Ferreira Xavier da Silva/ Bibliotecária – CRB-7/5688

Kambeba, Márcia Wayna

K15s   Saberes da floresta / Márcia Wayna Kambeba. – São Paulo: Jandaíra, 2025.

168 p. ; 23 cm. – (Coleção Insurgências)

ISBN 978-65-87113-10-4

1. Poesia brasileira - Escritores indígenas. 2. Aldeias indígenas - Costumes. 3. Indígenas - Aspecto social. 4. Indígenas - Usos e costumes. I. Título.

CDD B869.1

Número de Controle: 0007

jandaíra

www.editorajandaira.com.br
atendimento@editorajandaira.com.br
(11) 3062-7909

À MINHA MÃE-AVÓ ASSUNTA, EDUCADORA
INDÍGENA, PELO VALOR DA BICICLETA QUE
ME LEVA A LUGARES NOVOS TODOS OS DIAS

—

AGRADECIMENTOS

À espiritualidade, que nos proporciona forças para lutar.
A Nhanderu, que nos ilumina no caminhar.
Aos povos originários, pela possibilidade de juntos ecoarmos nossa cultura pela arte da palavra, do pensamento desenhado.
À Editora Jandaíra, pela confiança e parceria.
A meus familiares e amigos, que me fortalecem e inspiram poesia.
Aos professores, alunos e leitores da poesia indígena contemporânea.
Ao povo Kambeba, meu respeito e gratidão.
A todos, anawê!

UM LIVRO DA COLEÇÃO INSURGÊNCIAS

Esta Coleção nasce com o objetivo de partilhar e fazer girar reflexões e práticas comprometidas com formas diversas de pensar o mundo, as relações, os modos de aprender e de ensinar.

Os livros desta Coleção registram experiências realizadas em diferentes territórios, conduzidas por autores e autoras que têm se dedicado a ocupar, compreender e subverter espaços que durante séculos só reconheceram como legítimos os saberes eurocentrados. Nas periferias das cidades, em áreas rurais, nos lugares onde vivem indígenas, nos sertões mais profundos, aprendizes e mestres sentam-se em roda para filosofar, para reconhecer e desconstruir pré-conceitos, para legitimar modos de agir e pensar "desconsiderados" pela maioria dos currículos escolares, por muitas instituições de ensino que, sob o discurso da inclusão, perpetuam práticas de exclusão e de manutenção de hierarquias forjadas.

Nosso objetivo é contribuir para que esses pensares e práticas insurgentes sejam (re)conhecidos e possam transformar as pedagogias em exercícios de (re)encantamento de educadores e estudantes que se percebam e atuem como sujeitos de sua própria história. História que precisa ser reescrita com a letra e com a voz daqueles que a constroem desde dentro, desde sempre.

NEIDE ALMEIDA
Coordenadora

SUMÁRIO

13   Prefácio | No fluido trânsito da educação: a poesia e outros gêneros na letra de Márcia Wayna Kambeba

15   Apresentação | Saberes da floresta

19   Introdução | Samaumeira, árvore da vida: como nasce o povo Omágua/Kambeba

23   *Educação indígena: o ensino da natureza*

39   *Território do saber*
- **42**   Modos de viver do século 21
- **46**   Comunicação milenar: o grafismo
- **52**   Na aldeia se aprende na partilha de saberes — Relato de prática de campo

71   *O pajé e a espiritualidade de um povo*

85   *A força dos maracás: música é ensino, cultura, identidade*
- **90**   Música na sala de aula
- **92**   A música indígena hoje
- **94**   O maracá
- **96**   Ao som do tambor...

103   *O valor da bicicleta*
- **107**   Mas e onde está o valor da bicicleta?

115 *Pedagogia das águas (Poemas)*

116	Povos na universidade	**142**	Coração de boto
118	Sai de mim	**143**	Caminho
120	Consciência indígena	**144**	O lamento da água
122	Consciência negra	**146**	Uny (água)
123	Tempo de aprender		Água (tradução)
124	Temor pela Amazônia	**147**	Meu lugar
126	O olhar da palavra	**148**	Pescaria na aldeia
127	Costurando saberes	**149**	Utensílios da pesca indígena
128	Depois de amanhã	**150**	A força do canto
130	Brasil nosso de cada dia	**151**	Olhos de criança
131	O choro dos povos	**152**	Chamado
132	Alma de periquito	**153**	O lugar do meu rio
134	Arte indígena Wai Wai	**154**	Crianças da beira
135	Ritual Kambeba	**156**	Canoa da educação
136	Catequize	**157**	Banco da sabedoria
138	A força da minha flecha	**158**	Trabalho indígena
139	Invasores?	**159**	Rio
140	A garça e o gavião	**160**	O silêncio da aldeia mapuera
141	Pé no chão	**162**	Rio negro

164 **Glossário**

PREFÁCIO

NO FLUIDO TRÂNSITO DA EDUCAÇÃO: A POESIA E OUTROS GÊNEROS NA LETRA DE MÁRCIA WAYNA KAMBEBA

O livro *Saberes da floresta*, da parenta Márcia Kambeba, chega para somar-se ao grande movimento da literatura de autoria indígena que acontece desde a década de 1990 no país. Tendo como tema principal a educação, a obra apresenta um fluido trânsito entre os saberes tradicionais e aqueles da sociedade envolvente. Por isso, o leitor identificará muito facilmente gêneros textuais como ensaio, depoimento, testemunho, artigo acadêmico, junto aos gêneros literários poesia e cordel. Com esse trânsito, intencional, a autora enfatiza o caráter plural da educação, nos dizendo, desse modo, que é possível aprender nos dois mundos. Em cada parágrafo, podemos perceber a fluidez da palavra que desliza no texto para encontrar a expressão ora de orgulho da pertença étnica, ora de indignação com a colonização e seus efeitos sobre as tradições, a história e a memória cultural Omágua/Kambeba.

Foi preciso aprender também a escrita alfabética — pois, sim, as sociedades tradicionais possuem escrita, cada vez mais conhecida como "escrita pictoglífica", representada em traços e grafismos que expressam uma linguagem inerente a cada povo. Foi preciso aprender a escrever essa letra do não indígena para defender-se, para existir, para ser indígena do norte ao sul.

A educação do mundo indígena está ligada à estrutura desse sistema de vida, no qual o homem está integrado à natureza, um sistema extraocidental. Mas ela conjuga-se à educação normativa da cidade. Todo conhecimento é válido, a questão está no tempo. O tempo exíguo e opressor dessa grande yawaretê chamada metrópole. A questão está no método, que muitas vezes não respeita os territórios dos saberes indígenas. O problema está na sociedade envolvente, que se furta à literatura, à cultura e aos modos de vida indígena.

O trânsito entre os gêneros e mundos tecido nesta obra vem também como carta aberta para denunciar à história oficial que os brancos aprenderam técnicas e saberes com os povos indígenas e seguem negando a existência destes. Quando os brancos entram nas comunidades, via educação escolar indígena, necessitam aprender o tempo, os rituais, os cantos, as rodas de conversa, tudo que é importante àquela comunidade tradicional. Porém, ainda assim, mantêm os saberes desses povos encobertos por uma invisibilização imposta verticalmente, do grupo classificado como dominante ao grupo inferiorizado.

Este livro é para educar a sociedade dominante a frear seu ininterrupto modo autoritário de ditar como o mundo deve viver. É preciso instruir-se com os povos ameríndios para viver no mundo e educar. Isso é tão verdadeiro que não podemos mais ignorar os fatos.

O cordel *Educação indígena*, composto de cinco partes, nos diz que a educação da floresta molda o homem à solidariedade, e por essa razão os versos de Márcia Kambeba endossam a luta de seu povo e de todos os povos originários do Brasil:

> A universidade na vida do indígena,
> É um direito, e já é algo bem notório,
> O conhecimento do "branco" é importante,
> Para que a palavra seja a arma na defesa do território.
> Mas nossa luta não é só pela terra,
> Lutamos pelo respeito a nossa nação,
> Sem preconceito e discriminação
> Viveremos, por muitas luas, entrelaçando as mãos.
> Sendo sempre Kambeba, sendo parente, sendo irmão.

Márcia Kambeba nos oferece um convite para conhecer o rio dos saberes ancestrais Omágua/Kambeba no percurso desta leitura. Ela é um mergulho na linguagem poética e referencial da beira do rio, da plantação da roça, do canto, da dança, e, como diz a autora, da arte-cultura que refaz a história.

JULIE DORRICO, DESCENDENTE DO POVO MACUXI, É DOUTORANDA EM TEORIA DA LITERATURA NO PROGRAMA DE PÓS-GRADUAÇÃO DA PONTIFÍCIA UNIVERSIDADE CATÓLICA DO RIO GRANDE DO SUL. CONTATO: JULIEDORRICO@GMAIL.COM.

APRESENTAÇÃO
SABERES DA FLORESTA

VOZES DA FLORESTA

A cigarra cantou
Anunciando o verão
O canto do sapo traz a chuva,
Tempo de inundação
Se a andorinha voa baixo
A chuva vem aí
A formiga se agita
Tem medo que a água
Sua casa possa engolir.

Murucutu cantou no galho do pau
Logo se pensa é prenúncio
Doença, tristeza, um mal.
É a natureza falando
Tentando um contato ancestral
Com o homem da terra
Animal de consciência racional.

Os indígenas mantêm esse diálogo
Acordam com o cantar do sabiá
Maria Jadia cantou acolá
Conhecem o tempo do vento
A subida e descida das águas
E convivem obedecendo às vozes da floresta
Que a noite canta para dormirem
Na sua cama, que é puçá.

Vivemos sob a proteção de uma vasta floresta chamada Amazônia, berço de grandes culturas, ricas em saberes que podem contribuir com a sociedade não indígena, mesmo que reduzidas pelo contato. A Amazônia nunca foi, como se ouviu, um vazio demográfico: existiam extensas áreas habitadas por povos indígenas, como foi a Ilha Tupinabarana — onde hoje é a cidade de Parintins, no estado do Amazonas, conhecida pelo festival dos bois-bumbás Garantido e Caprichoso.

Com o tempo, esses povos foram desenhando sua memória, história construída com muita luta, escritas de um tempo que atravessou gerações e que hoje é uma forma de resistência pela arte da escrita literária. Nasceu uma literatura indígena escrita por quem elabora narrativas inspiradas nas histórias contadas pelo avô ou pelos anciões, ou com base na própria experiência de vida, seja na aldeia, seja na cidade. A escrita é o desenho da memória, do tempo, da história. Por ela aprendemos, partilhamos saberes, traduzimos sentimentos guardados no coração.

Nasci em 1979, ainda no período da ditadura, momento difícil para os indígenas, que, embora ameaçados, mantinham-se sempre esperançosos. Décadas após a redemocratização, ainda continuamos sofrendo, mas preservamos a mesma esperança na alma e no coração.

Comecei a desenhar meu pensamento em papel com minha chegada a São Paulo de Olivença, no Amazonas, quando eu tinha nove anos. Escrever para mim é um ato prazeroso. Minha mãe-avó, dona Assunta, era futurista, investia em nosso saber: comprou uma máquina de datilografia que não ficou muito tempo com a gente. Logo alguém da família a emprestou, e lá se foi a forma mais sofisticada de escrever poesia que eu conhecia. Voltei a desenhar em papel meus pensamentos poéticos, agora com catorze anos.

Com o livro *Ay Kakyri Tama: eu moro na cidade*, nasceu uma vontade de escrever poesias que pudessem informar o leitor sobre a cultura indígena — depois foram chamadas de "poesias pedagógicas" e também de "poesia indígena contemporânea". Existe uma necessidade de materiais escritos pelos próprios indígenas que possam informar sobre seus povos, sua cultura, sua identidade, seu território. Mas, ao serem produzidos, é preciso que esses materiais tenham visibilidade, estejam presentes nas salas de aula, cheguem até as universidades e provoquem reflexões nos alunos e nos professores.

Na aldeia, tudo se traduz em ensinamento: a remada, por exemplo, é a aula mais gostosa que as crianças têm, seguida do banho de rio. Ouvir as vozes da floresta é a aula primeira, identificar o que cada ser da floresta quer dizer com o seu canto. O canto das guaribas que, por ser assustador, é tido como prenúncio de algo ruim, é formidável: já tive o prazer de ouvir.

Os poemas deste livro foram pensados justamente para convidar a um entendimento dessa forma de educação, que passa pela preparação não só do saber escolar, mas educa para a pessoa se tornar responsável, mesmo na primeira infância; para aprender a ser liderança, guerreiro, a prover o alimento da aldeia, a defendê-la de ataques possíveis na mata, a conhecer seu lugar e a conhecer sua história e os saberes que a natureza guarda em seu interior.

Apresento também textos que nasceram de reflexões feitas durante minha caminhada e de conversas que tinha com minha avó à noite, vendo-a fumar cachimbo deitada na maqueira. Era nosso ritual: eu deitava com ela na maqueira ou sentava no chão para escutar causos de suas andanças e das dificuldades que viu e sentiu vivendo em aldeias.

Nascer e viver em aldeia me fez entender que a resistência precisa começar dentro de cada um de nós, buscando manter vivas as memórias coletivas e pessoais de saberes que nos orientam na caminhada e no compromisso de lutar, junto com uma coletividade, por direitos e formas de seguirmos sendo continuidade.

Ouvir uma narrativa repetidas vezes era estratégia de aprendizado, e minha avó reforçava esse compromisso em mim toda noite, contando as histórias que sabia, além de suas próprias vivências. Lembrava-me sempre de que eu tinha uma dívida de gratidão com os povos indígenas por ter sido curada de uma doença grave ainda quando bebê de seis meses. Foram noites de febre alta em que quase não resisti, e minha avó não conseguia me curar, mas, num ritual das mulheres Tikuna, me tiraram a dor e a febre desapareceu.

Embalada desde muito cedo pelo narrar, encontrei na arte da palavra uma forma de dialogar com os povos da aldeia e da cidade. Minha intenção é que minha literatura circule nas escolas das aldeias, mas adentre os muros das escolas da cidade e das universidades. Precisamos dialogar numa sintonia de mundos, promover reflexões com ações. Por essa razão, trago poemas pedagógicos, nos quais a floresta encontra um espaço para falar.

É preciso silenciar para ouvir as vozes da floresta ecoando em nossa alma, tornando-nos sensíveis para entender cada movimento, cada cor e o canto dos pássaros e animais. As vozes das florestas servem de alerta para evitar muitos desastres, para educar, curar, orientar. É preciso estar com o coração e os ouvidos atentos para acolher e entender.

Por tempos, nós, indígenas, carregamos rótulos de atrasados, preguiçosos, fedorentos, desafinados, canibais, entre outros difíceis de relembrar e escrever. No senso comum, quando se pensa em culturas indígenas, logo vem a ideia de que somos aculturados ou não mais existimos, porque não mais somos como nossos ancestrais do período de invasão e conquista.

Ora, para nós, isso não faz o menor sentido, pois, como qualquer cultura, as nossas são dialéticas e não foram destruídas, mas passaram por adaptações, fruto das demandas dos novos tempos e espaços. A música e a literatura deste novo tempo são instrumentos de luta para a desconstrução dessas imagens preconceituosas, ainda presentes no imaginário de muitos.

Vamos ouvir o que a floresta quer nos dizer? Embarque nessa canoa de prosas e poesias, abra as ideias, que a remada já vai começar.

INTRODUÇÃO

SAMAUMEIRA, A ÁRVORE DA VIDA: COMO NASCE O POVO OMÁGUA/KAMBEBA

Na cultura do povo Omágua/Kambeba a sabedoria fala ao coração com calma, paciência, alegria, emoção, procurando educar para que se possa fazer missão. Compreender os saberes, entender o tempo e o espaço, fortalecer as relações, estreitar os laços é fundamental na resistência das nações.

Desde tempos passados, caminhamos por entre folhas, trilhamos o chão de barro, percebemos que não vivemos em bolhas e, por isso, procuramos entender a vida na cidade, conviver com o diferente dentro do que se compreende por interculturalidade.

No caminho da volta para nossa aldeia, entendemos nosso destino, aprendemos desde meninos que a vida terrena é passageira, então, precisamos fortalecer o espiritual. Como seres vivos somos mortais, mas nossa conexão é com o mundo ancestral. Nessa caminhada, os anciões nos ensinam a valorizar a natureza, pois somos parte dessa construção. Nós não queremos vida de realeza, mas consciência é o que pedimos da cidade e do planeta.

Nas noites de lua cheia, sentamos para escutar a voz de um sábio ancião que chega para contar suas narrativas de vida, dos encantados que respeitamos e obedecemos sem pestanejar. São lições de uma vida sofrida, "causos" de caçador, encontros às escondidas do pescador com a Iara, que ensinou saberes das águas a esse sábio professor. Nessas aulas de saberes, ouvimos do povo Omágua/Kambeba que a samaumeira é mãe, deusa da mais alta realeza, e sabe com firmeza cuidar dos seus descendentes.

Um dia, nos contou a anciã como surgiu nosso povo. Preste atenção, meninada, para essa história não esquecer. Vou contar bem devagar para que possam decorar.

Nos falou a anciã que tana kanata ayetu, nossa luz radiante, enviou uma grande gota d'água, que veio do céu trazendo outras duas gotas dentro de si. Bateu suave na samaumeira, por sua folha deslizou e foi lentamente se desfazendo, amparada por outras folhas, até que as duas gotas menores caíram no grande lago. Esse lago espelhava as árvores, que, submersas, sombreavam suas águas e lhe davam uma coloração escura. As duas gotas tocaram as águas e sumiram. Tudo parecia calmo, mas, de repente, por detrás de um grande tronco de árvore, surgiram o homem e a mulher, que juntos deixaram as águas, adentraram a floresta e começaram a fundar nossa nação.

Assim se deu o despertar para a vida de um povo, que, por ter sua cosmologia nas águas, é considerado o *povo das águas*. Desde então, os Omágua/Kambeba constroem suas casas perto de rios, lagos ou igarapés, porque a água tem uma forte relação com a cultura, está presente nos rituais e em toda forma de cura física e espiritual.

As crianças gostam do contato com a água; desde pequenas nadam, pescam, interagem de diversas formas com o rio. Brincando assim elas aprendem, aprimoram sua relação de confiança com a natureza e se fortalecem como pessoas num ensino/aprendizagem em que não existe o falar, mas sim o sentir.

Por essa razão o rio tem espírito, é encante, formador de uma educação que não obedece a um *curriculum* escolar. Ele criou sua própria pedagogia, que se faz sentir no balançar das ondas no corpo desnudo, na pele encauchada do sol de verão. Esse ensino as aldeias respeitam, os povos entendem numa conversa de mundos, de entes, de ancestralidade.

Surgir das águas representa muito para o fortalecimento da cultura Omágua/Kambeba. Consciente de sua origem, nosso povo firma seu olhar numa resistência identitária e diz: não existe uma "cara de índio", mas sim uma identidade que nos torna pertencentes a um povo. E saber de onde viemos é fundamental para sabermos aonde queremos chegar.

Inspirado e comprometido com as lições dos rios, este livro é um chamamento para que as leitoras e leitores aprendam com as águas a olhar e a compreender como o povo Omágua/Kambeba pensa, organiza e realiza os processos de educação. Para tanto, os poemas abrem os caminhos, dialogam com as reflexões teóricas, com os depoimentos que partem de minha experiência como mulher indígena, poeta, professora e pesquisadora.

Os cinco capítulos desta narração — "Educação indígena: o ensino da natureza", "Território do saber", "O pajé e a espiritualidade de um povo", "A força dos maracás: música é ensino, cultura, identidade" e "O valor da bicicleta" — trazem textos reflexivos a respeito de minhas experiências como aprendiz, educadora e pesquisadora, além de composições poéticas de minha autoria. Os poemas apresentados, como as águas, abrem os caminhos, convidando leitoras e leitores a escutar o que partilho e conhecer um pouco sobre o meu povo e seus saberes.

No último capítulo entrego também uma coletânea de poemas que apresenta um panorama de como a educação indígena é sentida e trabalhada no cotidiano dos povos que vivem inseridos nos contextos da aldeia e da cidade. É importante aprender com a natureza, com os mais velhos e seus sábios ensinamentos; é necessário também entender a educação pelo olhar da universidade e ressignificar esses saberes ao chegar à aldeia e apresentá-las ao povo. Essa coletânea está organizada em duas partes: **Poemas de Protesto** e **Ensino das Águas**.

Fecho o livro com um glossário com termos e expressões que aparecem nos textos reflexivos e nos poemas deste livro. Acredito que essa é uma estratégia importante para iniciar ou ampliar o contato das leitoras e leitores com a língua Omágua/Kambeba.

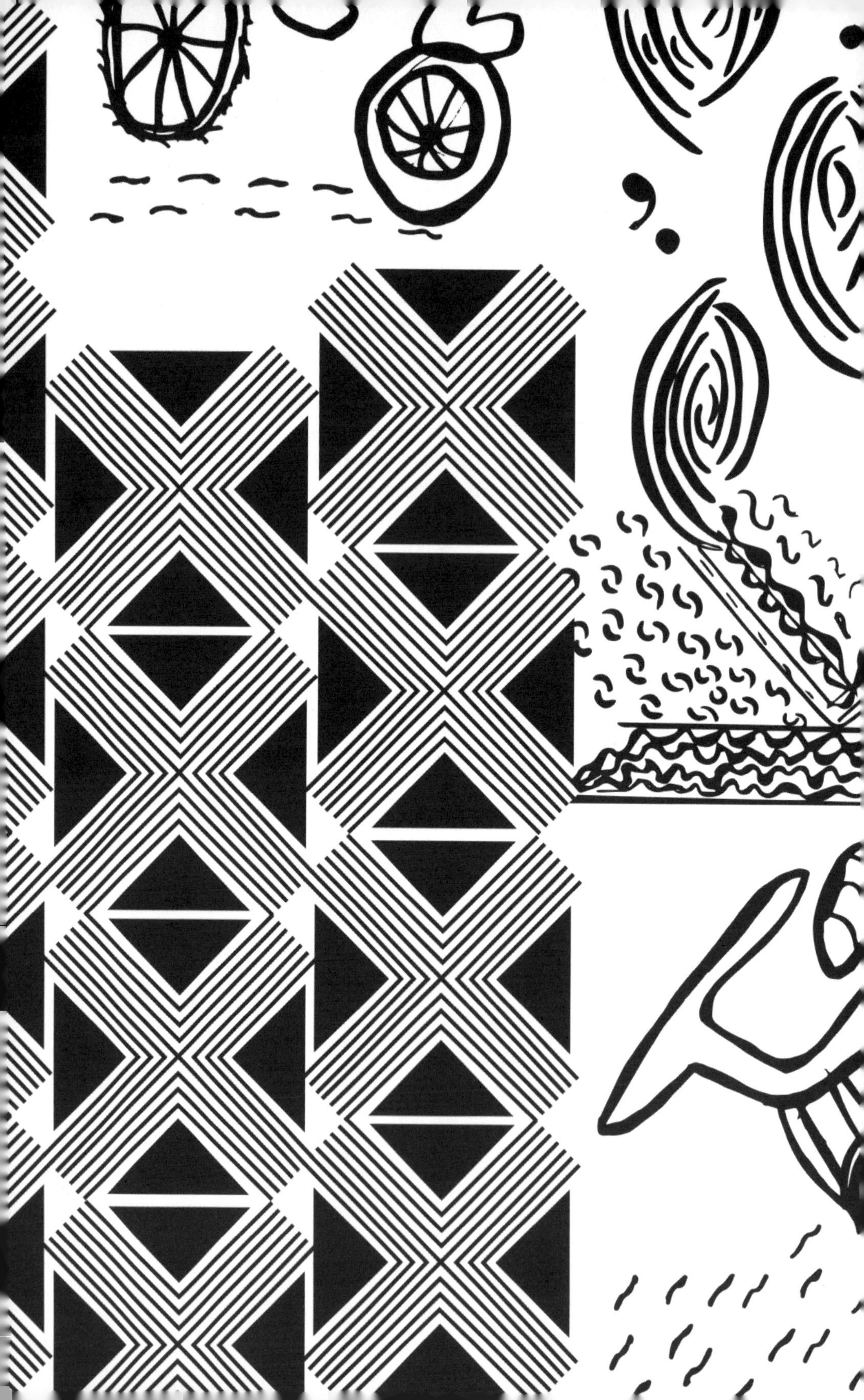

EDUCAÇÃO INDÍGENA:
O ENSINO DA NATUREZA

EDUCAÇÃO INDÍGENA

A educação na aldeia indígena
Começa desde a primeira idade
Não segue os padrões de sala de aula
É um aprender sem pressa na solidariedade.

Aprende que a agitação da formiga
E o canto do sapo
Indicam que a chuva vem aí
Aprende a apreciar desde pequeno
Um bom peixe assado com vinho de açaí.

Aprende que na arte de pescar
Só se pesca o que vai precisar
E a calma é importante
Para a flecha no peixe acertar.

Aprende com os mais velhos
Nossa memória viva
Com os espíritos conversar
E deles a permissão receber
Para na mata entrar.

Aprende a dar valor ao que dela vem
E a brincar nas águas do igarapé
Aprende a curar com ervas da mata
Como a gripe, que se cura com rapé.

Aprende que na culinária do povo Kambeba
O Fani não se faz de qualquer maneira
Essa comida leva peixe e macaxeira
E é enrolado na folha de bananeira.

Aprende que na vida nada é fácil
Que a luta terá que continuar
Aprende o valor da sua identidade
E que a educação vem do seio familiar.

Mas é preciso ir para o banco da escola
E sair da aldeia é uma forma de buscar
Conviver com outra cultura
Sem esquecer sua Uka, o seu lugar.

A universidade na vida do indígena
É um direito e já é algo bem notório
O conhecimento do "branco" é importante
Para que a palavra seja a arma na defesa do território.

Mas a luta não é só pela terra
Lutamos pelo respeito à nação
Sem preconceito e discriminação
Viveremos, por muitas luas
Entrelaçando as mãos
Sendo sempre Kambeba, parente, irmão.

Falar de educação indígena é lembrar a vivência desde a infância na aldeia. Saber escutar e respeitar os anciões, ouvir por horas o canto dos pássaros para poder imitar seu assobio. Os povos indígenas criam, dessa forma, um vínculo forte com a natureza. No ordenamento da aldeia[1], na construção das casas, em tudo, há formas de aprendizado, uma estratégia pedagógica de ensino-aprendizagem; um aprender sem pressa, na solidariedade, que começa desde a primeira idade.

Na aldeia onde nasci, Belém do Solimões, no Amazonas, as crianças desde cedo aprendiam que o rio é um companheiro, um amigo, mas também que, para entrar em suas águas, deveriam pedir licença aos seres encantados, habitantes do leito do rio e protetores do mundo das águas.

No contexto da educação indígena, seguir as pegadas dos animais, andar na mata sem estalar as folhas, conhecer as armadilhas da natureza, suas ervas medicinais, além de aprender a extrair tintas para a pintura de objetos pessoais, a fazer arte com sementes e fibras da mata são formas de manter uma relação de dependência com a natureza.

---

1   Entre os Omágua/Kambeba, por exemplo, a aldeia é circular: as casas são construídas de forma que se permita a qualquer um ver e ser visto em todas as direções, como uma estratégia de controle e vigilância da aldeia pelos seus.

Com os rituais, aprendem que a fase de criança passou e já estão preparados para serem guerreiros. Pequenos começam a conviver com os adultos e a ouvir ensinamentos, por exemplo, de como fabricar uma flecha com pontas de taquaraçu para grandes caçadas, como construir canoas e remos e como remar e nadar. Uma das brincadeiras de que mais gostam as crianças é navegar de canoa pelo imenso rio ou igarapé, onde pulam da ponta da canoa, nadam feito botos e pescam silenciosamente, pois o barulho espanta o peixe.

Na aldeia, de manhã cedo, as crianças acompanham os pais na roça, porque é cultural. Observando o trabalho dos pais, aprendem a plantar maniva, depois colher e descascar no rio, para então preparar a massa e, por fim, fazer a farinha utilizada na alimentação com peixe, açaí etc. Ainda pequenas, sempre com o auxílio da mãe, as meninas aprendem a escamar peixe.

No entanto, esta rotina não lhes tira o direito à educação escolar que vem da cidade, também acolhida na aldeia, apesar das diferenças — afinal, tudo que vem para somar é bem recebido por nós. Uma dessas diferenças muito marcantes que podemos observar é o contraste entre o tempo da educação indígena e o da educação da cidade.

O tempo do aprender indígena ensinado pelos mais velhos não é o do relógio, que marca a educação vinda da cidade, com hora para começar e terminar, conteúdo específico para cada série. O tempo da aldeia obedece às rodas de cantoria, de narrativas, da lua cheia, do maracá. Falo do tempo circular que fortalece a união porque cria campos energéticos de luz. Esse saber se traduz na psicologia e na pedagogia da aldeia.

Certa ocasião, observei a seguinte cena: crianças remando num rio imenso, de fortes correntezas. De repente, a canoa virou e elas caíram no rio. Rapidamente desemborcaram a canoa, puxaram da água quem estava se afogando e tornaram a remar para a margem. De longe, os pais observavam tudo sem dar um grito de "meu Deus! A canoa virou, vão se afogar!" ou "Socorro! Ajudem! Estão se afogando!". Havia um sinal de preocupação no rosto dos pais, mas eles permaneceram atentos, em silêncio, esperando a reação das crianças e, ao perceberem que estavam bem, continuaram seus afazeres. Perguntei, então, à mãe dos meninos por que ela não pediu ajuda. Respondeu-me ela: "eles precisam confiar neles e no rio". Achei de uma grandeza esse ensinamento...

A aldeia em si é uma grande escola, um laboratório a céu aberto. Mas, para aprender, precisamos nos despir de nossos conceitos prévios (preconceitos) e de nossas certezas, além de nos permitir aprender algo novo a partir do zero.

Ao entrar numa aldeia, é importante que o(a) professor(a) de fora, da cidade, entenda que está num universo de aprendizagem diferente do seu, com crenças e costumes que o distinguem e, por isso, merecem respeito. Uma das dificuldades nesse contato, por exemplo, pode decorrer do pouco domínio da língua portuguesa que alguns povos têm, por ainda manterem viva sua língua materna.

Como povos nativos, já ensinamos muito ao colonizador e continuamos a fazê-lo cada vez que alguém de fora chega à aldeia em busca de conhecimento sobre determinado assunto. Contudo, o que estão fazendo com esses saberes? Nosso território do saber é sagrado, mas nem sempre é respeitado; essa violação prejudica a continuidade da chama da memória. Deixar que o outro entre e imponha sua cultura, seus valores, é permitir que o território do saber desapareça; primeiro dentro da alma e depois concretamente, no lugar. Permitir essa violação é aceitar a extinção da cultura indígena. Então, como falar de um espaço plural, aquele onde prima a igualdade entre todos? Precisamos fazer da sala de aula esse espaço plural, de respeito às diversidades culturais, religiosas e de gênero.

O território sagrado precisa existir. A educação vinda de nossos pajés precisa ter continuidade por ser uma prática milenar. Tirar do pajé o direito de manter sua cura pelo uso de ervas medicinais, pela força que vem das águas e das matas, pelos espíritos dos caruanas, may-sangara, caruaras, é permitir a violação desse sagrado, deixando a aldeia desestabilizada na sua crença para que, assim, outra cultura venha ditar o certo ou o errado.

Por isso a educação fora da aldeia é importante: ela nos dá base para melhor entender e informar aos parentes da aldeia a importância da manutenção da cultura como raiz profunda de nosso ser, fortalecendo nossa identidade enquanto povo. É fundamental ter orgulho de ser quem somos, de aprender sobre nossa história, para poder ser a continuidade de um legado.

A história é importante para se pensar o presente e abrir caminhos para o futuro. Quem sou eu? Quem foram meus ancestrais? Qual a importância deles na construção da sociedade em que vivo? Qual a minha identidade? Quanto de indígena corre em minhas veias? Quanto de negro e europeu tenho em meu ser? São essas perguntas que devemos fazer para nos conhecer como pessoas.

Nas culturas indígenas, aprende-se desde a infância a conviver com a diferença e a respeitar. Mas e na cidade? Como se processa esse respeito para com a diferença em sala de aula? Fala-se muito em interculturalidade, mas será que ela é vivenciada no cotidiano de sala de aula? Aprender a respeitar a diferença é uma atitude que deve contar com o apoio não só da escola, mas da família e da comunidade. Interculturalidade é uma atitude, e uma atitude dependente de uma construção, que, por sua vez, precisa ser sentida para ser realizada no decorrer da vida de cada criança, jovem ou adulto.

A cultura está presente na educação cotidiana, mas é preciso que dentro de cada ser haja respeito, orgulho, amor pela cultura que lhe representa, que lhe é peculiar. Educar é também ensinar os alunos e alunas a respeitar primeiro o seu território do saber.

Por fim, precisamos movimentar e viver cultura. A cultura se faz através da vida em movimento e de tudo que a circunda. Nós a modificamos, mas também somos modificados(as) por ela. Ninguém ensina cultura: falamos sobre ela e a experimentamos num diálogo entre mundos.

E na educação indígena busca-se criar espaço e ações de interação entre culturas, entre mundos, sempre num constante diálogo, sem perder as próprias referências identitárias, como a língua nativa, forte elemento de afirmação cultural e resistência.

A educação é transmitida de várias formas dentro da aldeia. A música faz com que as crianças e os adultos memorizem as palavras da língua nativa e afirmem um comprometimento todo dia com sua manutenção e perpetuação. Os grafismos, que representam a espiritualidade e a identidade, são ensinados no contexto de uma disciplina chamada de "notório saber", porque a educação que vem da aldeia é algo único, próprio de cada nação. Ter sua história nas mãos é importante para fortalecer um no outro a continuidade de (re)existência(s).

Todos esses elementos fortalecem a resistência, que em nós começa quando nos ensinaram a demarcar nossos espaços físicos, memoriais e educacionais — resistência que sempre acompanhou os povos originários, na forma de estratégias para burlar o sofrimento e a violência. Entende-se que, ensinando-se o que se sabe, vamos criando pontes para uma aproximação mais humana, amistosa, minimizando preconceitos pela educação e informação.

Nesse contexto, também a literatura se apresenta como uma ferramenta para o fortalecimento da educação indígena, do registro da memória pelo desenho do pensamento, transformado em palavras e sons. Com sua escrita literária, os povos originários mostram saber ecoar seus lugares de fala na cidade, divulgando sua cultura e pensando um mundo melhor onde o bem viver entre indígenas e não indígenas seja possível.

Contudo, para isso, as escolas da cidade precisam ensinar o jeito certo de se referir aos povos originários, não mais os chamando de "índios", mas tratando-os pelo nome de suas nações específicas — Kambeba, Kokama, Baniwa, Suruí, Assurini, Tikuna, Mura, Tupinambá, Kayapó, Pataxó, Pankararú, Truká, Tuxá, Tuiuka, Tiriyó, Wai Wai etc. Buscar conhecer cada povo na sua especificidade é importante para a educação escolar de crianças não indígenas. Assim, é preciso fazer o caminho da volta, do conhecimento das identidades e ancestralidades indígenas para a narração de sua memória. No século 21, nosso arco e flecha são a educação e a literatura.

Convido vocês a lerem os cinco poemas a seguir para que conheçam um pouco a respeito das formas de aprendizagem dos povos Omágua/Kambeba: ir com os pais para a roça é para os Omágua/Kambeba uma forma de ensinar a criança que a terra é mãe, geradora de vida e precisa ser por nós amada. A criança de colo também é levada pela mãe para a roça. Mesmo que fique sentada, ela está sentindo tudo ao seu redor, observando, tocando a terra, criando elo de amor e carinho com tuiuka (terra).

O APRENDER DO DIA A DIA

Ainda pequeno na aldeia
Na vivência com os irmãos
Plantar macaxeira, tirar lenha
Comer peixe com pirão
É ensino, é educação.

Ir pra beira tomar banho
Pegar cará e mandi
Ver o sol se esconder
E esperar a lua se vestir

Se vem cheia é alegria
Coisa boa vem por aí
E com sua luz toda aldeia
Vai cantar, dançar, se divertir.

Aprender a colher tento na mata
Fazer cocar de miriti
A juntar as penas das aves
Seguindo as orientações de Waimi.

É da floresta que vem
A palha que a uka vai cobrir
Tecer nelas nossas memórias
Na folha de urucari.

Na aldeia é assim a educação
Que desde séculos aprendi
Conviver com a natureza
Sem agredir, nem exaurir.

Se hoje no século 21
Tens a mata e a biodiversidade
Nesse verde eu cresci
E conheci sua bondade
Partilhar água e sombra
Sem ver nisso tanta maldade.

Mas logo veio o "outro"
E mostrou-me com sua maldade
A importância da escrita
E vi nela uma necessidade

Fui estudar na escola do "branco"
Para entender sua realidade.
Transformei a escrita em resistência
Desenhei ternura, amor e bondade.

Compreendi que a cultura é um rio
Corre manso para os braços do mar
Assim não existem fronteiras
Para aprender, lutar e caminhar.

Hoje estamos nas universidades
Levamos junto nosso lugar
A construção do conhecimento é uma teia
Que liga tua cidade com minha aldeia.

Sendo que minha identidade se constrói
Nas peculiaridades que em mim permeiam
Minha casa na cidade é também a minha aldeia
Não perdemos nossa essência
Somos o fino grão de areia.

SABERES DOS ANCIÕES

Faz parte da educação indígena
Respeitar o ancião
Ouvir as narrativas contadas
E guardar no coração.

Compreender o ciclo da lua
Suas fases respeitar
E em noite de lua cheia
Temos a Matinta para assobiar.

Logo nos diz a anciã
Já é hora de deitar
Matinta está nos visitando
Não podemos atrapalhar.

Amanhece o dia
O sol preguiçoso ensaia se acordar
Ao longe se ouve uma conversa
São as cunhãs descendo para banhar.

O banho no rio é sagrado
Ainda no colo a criança aprende a nadar
Percebe que a água é vida
E dela precisa cuidar.

Já grandinho acompanha os homens na caçada
Alimento para aldeia precisam pegar
A divisão é feita entre todos
E na vivência aprendem a partilhar.

Na roça o menino
Aprende não só a plantar
Plantando vai aprender
A somar, dividir e multiplicar
Além de outros saberes da mocidade
Pela educação que vem da cidade.

O saber que a universidade apresenta
Relacionamos com o bem viver
Respeitando a cultura sagrada
Que é a essência do nosso ser.

Queremos uma educação
Em que possamos ser iguais
Sem preconceito e discriminação
Sem o olhar de incapaz.

A sabedoria indígena
Já fez muito e ainda faz
A ciência recorre ao nosso conhecimento
E nós aos nossos ancestrais.

Para nos dar força na luta
Porque ainda querem nos dizimar
Matam nossas crianças
Sem que possam ao menos gritar.

Hoje gritamos através das letras
Pela informação que a aldeia tem para dar
O ensinamento do "branco" é importante
Mas não podemos deixar a cultura acabar.

Salve a educação indígena!
Um ciclo que como água não para de jorrrar
Saber, fé, esperança, espiritualidade
Tem que estar na mente e no viver
De quem mora na aldeia e na cidade.

Anawê yaci, tuiuka!
Anawê Kanata ayetu![2]

Pela resistência de todo dia
Recarregamos as forças em iuyria.

---

2 Salve a lua, terra! / Salve a luz radiante!

O TEMPO DO MEU SABER

Quando criança na aldeia
Para conhecer o lugar
Passa-se pelo ritual
Uma festa milenar.

Se for menina se entende
E a menstruação vai indicar
Que a bela virou moça
A aldeia vai celebrar.

Pajauaru, bebida nobre.
A macaxeira vai ofertar
Fermentada e espremida,
Em excesso pode embriagar.

Chamam os povos da floresta
Um canto novo para entoar
Tem peixe e muita caça
Tem tambor e maracá.

A menina já foi preparada
A sociedade quer comemorar
Mais uma filha da mãe terra
Que logo mais poderá casar.

Na aldeia formar família
Continuidade milenar
Alguns povos não permitem
Que pelo "branco" venha se apaixonar.

É um cuidado que se tem
Para a cultura não acabar
Cada um tem sua singularidade
Que está presente em cada olhar.

O menino ainda pequeno
Com os mais velhos vai conversar
A ele são repassados ensinamentos
Que vêm da terra, água e ar.
Para alguns é dolorido
Mas é preciso suportar
O ritual da tucandeira
Sem poder uma lágrima derramar.

Saber que o silêncio é sagrado
E só através dele a mata vem falar
Aprender a ouvir com paciência
Uma, duas, três vezes, sem reclamar.

Cada povo tem seus segredos
Guardam na alma o seu saber
Somos gente de alta cultura
Mas o "outro" precisa entender.

O tempo de cada povo
Para plantar e para colher
O tempo de cada povo
Para escutar e aprender
O tempo que faz o tempo
Nas eras do meu ser.

O ENSINO DAS ÁGUAS

Sentado na proa da canoa
Com o caniço a pensar
Que o rio é uma escola
Nele se aprende a nadar.

A conhecer os encantados
Com esses seres conversar
Por eles vêm os ensinamentos
E para ouvir é preciso silenciar.

Até a remada precisa de jeito
Para a canoa não afundar
Para nadar precisa ter peito
O desespero só faz afogar.

Tudo está na mata
Dela vem o sustento do lar
Madeira, palha e paxiúba
Alimento que a terra nos dá.

É nela que o menino aprende
Que já é homem e precisa aceitar
As transformações de seu corpo
Seguindo as pegadas de uma educação milenar.

BEM VIVER INDÍGENA

O barco chegando
Na vivência da aldeia
Pelo olhar curioso
A esperança do amanhã
Olhos de ribanceira.

Tem cheiro de Iara
Faceiro como o boto
Lá vem ele todo afoito
Receber e encantar
Quem chega e se vai
Abençoando o lugar.

E o povo, seus filhos
Desse Brasil pátria amada
Não são contos de fada
São guerreiros
Caminhantes dessa estrada
Ensinando o bem viver.

É preciso saber cuidar
É preciso amar e sonhar
Defender o legado
De um Brasil descontrolado
Do preconceito e destruição.

Quero olhar o rio assim
Com meu curumim do lado
No silêncio ensinar
Que seu território é sagrado.

Quero ouvir Merandolino
E Zenaide a ensinar
Seres de encante pelo rio a navegar
Pedir permissão a eles
Para em suas águas mergulhar
No bem viver dos povos
Pedir licença é respeitar.

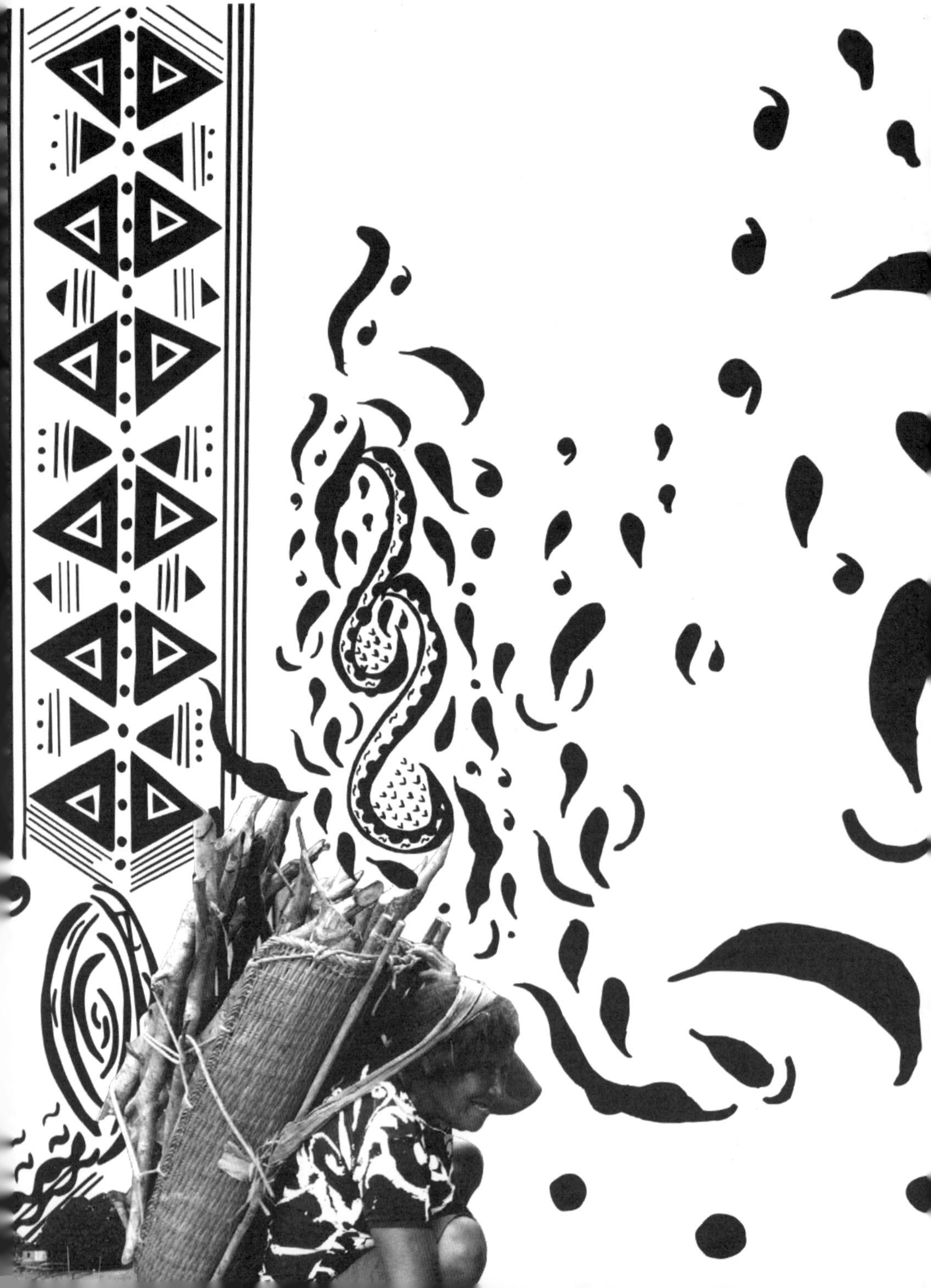

TERRITÓRIO DO SABER

KA'A-ETÉ[3]

Ka'a-eté ibaka-suí o-sem
Ka'a-eté abá-katu
Ka'a-eté îandé-tamuya

Ekó-tãtangatu-a-potar
Toryba nhe'enga'-reme
Igarapé-kûá-pe ekó

Ekó-tãtangatu îandé-pupé o-îkó
Toryba nhe'enga'-reme
Taba, taba, taba, taba o-nhe'engar

Taba ikó-saba
Tãtangatu o-pysasu-tãtangatu-monhang
Y'-mbo'e-pe
Pytuna-anhã
Paîé-sosé o-bebé-reme
O-ypyrung ekó-karaíba

Num país onde as diferenças culturais são perceptíveis de estado para estado, de região para região, como algo próprio do povo, o pensar crítico na educação torna-se essencial à vida do educador e dos educandos, pois estabelece possibilidades de reflexão e compreensão humanísticas, que vão se refletir no ensino-aprendizagem, sendo percebíveis na produção escrita e reflexiva dos alunos em sala de aula.

Falar sobre multiculturalidade, interculturalidade, território e territorialidade, poesia e música na educação hoje é falar na importância de se manter viva a cultura, de se abrir aos diálogos e informações para poder ser ponte, ser luz na aprendizagem dos adultos de amanhã. Vivemos num país onde o preconceito e o racismo são entraves para se pensar e fazer interculturalidade. A escola vem proporcionando aos alunos a oportunidade de compreender que, ao ocupar esse espaço de

---

[3] Floresta vem do céu / Floresta é povo bom / Floresta nosso antepassados. /// Força cultural quero ter / Alegria no cantar / Ritual na beira do igarapé. /// Força cultural fica dentro de nós / Alegria no cantar / Aldeia, aldeia, aldeia, aldeia canta. /// Aldeia é lugar de vida / Força que se renova / No ensino das águas / O espírito da noite / Paira sobre o pajé / E começa o ritual da consagração.

aprendizagem, estão convivendo com pessoas de diferentes modos de vida, pensamento, religiões, culturas, identidades. Nesse contexto, aprender a respeitar é importante, mas, para que isso ocorra, é fundamental conhecer, sentir e ouvir o outro para depois tecer um comentário crítico e reflexivo.

A escola é um território do fazer educação, por isso deve estar totalmente relacionada com a cultura, tendo os seus fios ligados ao conhecimento adquirido do aluno com os pais, com sua comunidade, com seu lugar.

A escola, então, precisa fazer essa articulação entre a vida escolar e a cotidiana, buscando sempre um diálogo. Segundo o historiador brasileiro Roque de Barros Laraia, reconhecido por suas investigações sobre etnologia indígena, "a cultura é dinâmica e está sempre em mudança"[4]. Entender essa dinâmica é importante para atenuar o choque entre as gerações e evitar comportamentos preconceituosos.

A pedagoga Vera Maria Candau[5], referência no campo da educação multi e intercultural, entende o multiculturalismo como "a presença de diferentes grupos sociais numa mesma sociedade. A tomada de consciência desta realidade é motivada por fatos concretos que explicitam diferentes interesses, discriminações e preconceitos presentes no tecido social". Com esse entendimento, podemos refletir sobre as formas de trabalhar a multiculturalidade, já que o multiculturalismo se traduz na convivência pacífica de várias culturas em um mesmo espaço, o qual, trazendo para a educação, chamaríamos de "território do saber", impregnado de territorialidades advindas de cada aluno que compõe esse corpo multicultural e dá vida à sala de aula.

Na cultura dos povos indígenas, o tempo é de fundamental importância na construção das territorialidades, da aprendizagem de modo particular. O tempo de aprender na aldeia obedece a uma dinâmica que não é a mesma utilizada nas escolas da cidade.

---

4 Laraia, Roque de Barros. **Cultura:** um conceito antropológico. 14.ed. Rio de Janeiro: Jorge Zahar, 2001.
Laraia, Roberto de Barros. As religiões indígenas: o caso tupi-guarani. **Revista USP**, São Paulo, ano 16, n.º 67, p. 6-13, set.nov./2005.

5 Candau, Vera Maria. "Interculturalidade e educação escolar". In: **Reinventar a escola**. Petrópolis: Vozes, 2000.

Estuda-se debaixo de árvores, na beira do rio, sentado na proa da canoa, pescando ou ouvindo assobio. Estuda-se lavando roupa, sob o sol e no calor da roça, ouvindo histórias da lua, narrativas que o pai conta. A educação indígena precisa de um espaço mais amplo que a sala de aula: os bancos são os troncos das árvores, o lápis é o graveto, o papel pode ser a terra, o chão; e desenhando, o aprendizado parece brincadeira, a escrita que vai se formatando no coração.

O território é fundamental para o desenvolvimento de práticas culturais, sociais, políticas, sagradas, necessárias ao bem viver de um indivíduo, de um povo, criando teias, ligando pontes, partilhando saberes. Todos somos um território porque em nós, a cada momento, algo novo chega e contribui para o enriquecimento pessoal e coletivo. Nesse ensinar e aprender, os povos indígenas resistiram séculos e continuam se territorializando no corpo físico e espiritual para manter viva a chama da ancestralidade.

MODOS DE VIVER DO SÉCULO 21

Quando se fala em povos indígenas, a ideia que vem à mente é a de povos sem roupa, vivendo em área de mata, numa relação com os animais, caçando, pescando e coletando frutos, morando em casas de palha e madeira com fogos no interior para espantar insetos e aquecer do frio. Essa imagem ainda é presente nas práticas escolares e transmitida às crianças pelos livros didáticos. É certo que existem povos que mantêm essa forma de ordenamento e territorialidade, mas os que vivem próximos das grandes cidades têm suas casas feitas de tijolo, cobertura de telha, usam utensílios da cidade, sem perder sua identidade, seu direito à autoafirmação. É comum ouvir perguntas como: "na sua aldeia todos andam sem roupa?", "índio come gente?".

Antes do contato com os colonizadores, historiadores afirmam que existiam aproximadamente cem milhões de nativos no continente. Só no território brasileiro esse número girava em torno de cinco milhões[6].

---

6 Ramos, Ricardo Tupiniquim. "Religião e cosmologias tupis". In: Id; Leite, Gildeci de Oliveira (org.). **Leituras de letras e cultura**. Salvador: Quarteto, 2018b, p. 29-69. Disponível em: <https://issuu.com/e-book.br/docs/leituras>. Acesso em: 23 mar. 2020.

Estavam divididos em nações e não conheciam limites de fronteira, demarcação de terras, onde terminava uma aldeia ou começava outra. Com o contato, muita coisa mudou: os territórios foram delimitados por uma cruz que não era simplesmente de catequização, mas de posse de uma terra já habitada por nações pouco ou nada compreendidas em sua própria fala por quem chegava para dominar.

Os povos indígenas estavam/estão divididos em troncos linguísticos como o Tupi, o Macro-jê, o Karib, o Arwak, entre outros. Era/é raro encontrar um povo falante de sua própria língua que não saiba falar a de povos vizinhos. Isso mostra que, mesmo sem saber falar a língua do colonizador, os povos indígenas no período do contato já estavam (e continuam) abertos à alteridade, ou seja, a conviver com as diferenças (RAMOS, 2018).

Nas sociedades indígenas, existiam regras sociais, políticas e religiosas nas relações, percebidas desde o relacionamento entre os chefes das aldeias, os tuxauas — zana, em língua Kambeba —, aos afazeres da roça, ao lar, ao controle territorial. Essas convenções permanecem nas relações indígenas, ainda que estejam menos presentes. A alimentação se baseava, como nos dias de hoje, na coleta de frutos e na produção da roça, com culturas como macaxeira, milho, cará, batata-doce etc., além da presença de carne de caça e de peixe. Ao pajé cabia a cura física e espiritual, atribuição ainda assumida por esta autoridade nas aldeias[7].

Bem antes da invasão europeia, diferentes formas de organização política já existiam neste continente. Em boa parte do atual território brasileiro, por exemplo, o eixo estrutural da organização política era formado por um cacique principal e pelos demais caciques, integrantes do conselho decisório dos rumos da etnia e de suas aldeias. Este formato permanece, e é o que a sociologia chama de "cacicado complexo"[8]. Assim, com base nas pesquisas do antropólogo Antônio

---

7 Em uma aldeia é fundamental a presença do líder espiritual, pois todo o equilíbrio energético vem das forças que o pajé movimenta através dos elementos da natureza e da espiritualidade dos animais. Ao serem invocadas, essas forças passam a tomar corpo na pessoa do chefe espiritual da aldeia. Cada pajé tem seu espírito protetor e é orientado pela ancestralidade sobre qual erva utilizar para a cura de doenças físicas.

8 Fausto, Carlos. **Os índios antes do Brasil**. Rio de Janeiro: Zahar, 2000.

Porro[9], verificamos que cronistas do século 17 relatam a existência, entre os Omágua/Kambeba, de um cacicado ou senhorio chamado "aparia maior" — liderado pelo cacique principal, o Tururucari[10] —, e a "aparia menor", formada pelos demais caciques das aldeias. Toda decisão tomada pelos chefes da aparia menor era levada ao da aparia maior, que dava o veredito final.

Nas sociedades indígenas, antes da chegada dos invasores europeus, existiam formas particulares de organização dos casamentos, em conformidade com as estratégias políticas de defesa mútua entre aldeias de uma mesma nação ou mesmo entre nações aparentadas, como entre as diversas etnias Tupis da costa. Os antropólogos denominam de "cunhadismo" essa prática da troca de esposas entre aldeias ou nações aparentadas[11].

Diferente do que nos informa o senso comum, as sociedades indígenas sempre tiveram uma base econômica forte. Não eram, nem são, sociedades coletoras simplesmente. Já cultivavam a terra quando da chegada dos primeiros europeus no final do século 15. Num processo de adubação ou compostagem, os povos indígenas foram preparando o solo no decorrer do tempo, deixando-o propício para o plantio de culturas perenes e cíclicas. A esse solo — de PH equilibrado equivalente a seis — os especialistas contemporâneos chamam de "terra preta de índio" ou "terra antropológica". As manchas dessa terra preta podem ser encontradas próximo a sítios arqueológicos e dentro das aldeias:

> A distribuição de frutas e de um solo específico — a terra preta — sugere a ação do homem: "Muitas áreas do Xingu são 100% antropogênicas, gigantescos pomares. E os povos do local ainda dominam sofisticados sistemas de uso do solo", diz Heckenberger.[12]

Além do setor primário, havia nas sociedades indígenas um ativo setor secundário, representado sobretudo por uma indústria

---

9 Porro, Antônio. **O povo das águas:** ensaios de etno-história amazônica. Petrópolis, RJ; São Paulo: Vozes; Edusp, 1996.

10 Segundo os cronistas mencionados, não se sabia como era sua imagem, pois ele pouco aparecia, e todos o tinham como Deus, e ele por Deus se tinha.

11 Conferir Ribeiro, Darcy. **O povo brasileiro:** a formação e o sentido do Brasil. São Paulo: Companhia de Bolso, 2015.

12 Urbim, Emiliano. O Brasil antes de Cabral. **Superinteressante**, São Paulo, ano 27, n. 329, p.30-9, fev. 2014, p.32.

ceramista, cujos fragmentos podem se encontrar misturados àquele solo fértil. Era — e, em alguns povos, ainda é — rica e especializada a produção de cerâmicas feitas pelas mulheres; parte era usada no cotidiano e abandonada em caso de mudança do grupo para outro local:

> A cerâmica marajoara é uma das mais belas entre as surgidas em sítios arqueológicos brasileiros. Sua descoberta, na ilha do Pacoval, interior de Marajó, em fins do século 19, foi acidental. Suas principais peças são urnas funerárias com representações femininas, mas há outros utensílios, como cachimbos, pratos, maracás e pequenos ídolos, todos de argila e decorados com motivos lineares, muitas vezes em relevo. Os estudiosos identificam cinco fases dessa indústria ceramista: anatuba (costa norte), mangueiras (Marajó e Canaviana), formiga (costa norte e centro), marajoara (mais da metade, na parte norte) e aruã (menos marcante das fases).[13]

Quando alguém morria, com ele(a) eram enterrados seus utensílios pessoais (por exemplo, copo, prato, flecha); por isso, sempre que se encontra uma urna funerária em sítios arqueológicos, encontram-se artefatos de cerâmica.

Finalmente, também existia um setor terciário nas sociedades indígenas, representado pelo comércio. Cronistas ibéricos do século 17, por exemplo, relatam o intenso comércio de utensílios de cerâmica e de roupas de algodão feito pelos Omágua/Kambeba na várzea amazônica.

Os grafismos nas peças de cerâmica (ou, no caso dos Omágua/Kambeba, também de vestuário) encontradas ajudam a entender o que cada povo trazia de conhecimento, o que nos permite, atualmente, redesenhar, catalogar e decifrar traços, mantendo viva e atualizando a memória ancestral. Nos diferentes grafismos de cada povo, cada linha é um apanhado de códigos fundamentais à nossa construção identitária.

---

[13] Ramos, Ricardo Tupiniquim. **Línguas e cultura indígenas.** Caetité: UNEB/DCH – Campus VI, 2018, p.21, nota 17.

COMUNICAÇÃO MILENAR: O GRAFISMO

Os grafismos são formas de comunicação entre os povos. Existe grafismo para o nascimento, para a passagem para a vida adulta, para o casamento, para a morte etc. Por isso, os grafismos indígenas não podem ser confundidos com tatuagens.

O corpo do indígena é uma grande tela ou livro onde são escritos conhecimentos fundamentais para a comunicação visual (pictoricidade) e oral de uma sociedade:

> Entre o grafismo e o discurso, instituem-se, então, as relações particulares: o pictórico conserva um saber ou uma análise que o discurso deve "traduzir". Sem tradução, ou, se preferir, sem atualização linguística, o pictórico não tem nada, ele só significa em associação com a língua. Isso quer dizer que determinada análise do mundo se solidifica nessas representações *a priori* desprovidas de sentido e que o sentido só pode se manifestar em um discurso sobre a representação gráfica.[14]

Para fazer um grafismo, usa-se o jenipapo verde, que é descascado, ralado e espremido para virar tinta com a qual se pintam os corpos. A ciência dos povos originários é vasta, como se pode perceber na extração da tinta de jenipapo. Ele só é útil se apanhado verde, sem bater com força ao chão. Um ancião me disse que se a fruta bate com força no chão ao ser apanhada, fica com raiva e não solta a seiva, porque é um espírito. Povos distantes do jenipapo utilizam argilas de cores variadas para a pintura corporal.

Territorializados no Xingu, no estado do Pará, os Parakanã, sempre que precisam de pinturas corporais, formam um grupo de guerreiros que caminha durante sete horas pelo igapó para pegar jenipapo. Levam consigo um jovem, que vai subir pelo cipó até alcançar a copa do jenipapeiro. Os demais cuidam de aparar e guardar as frutas sem deixá-las bater forte ao chão, pois precisam de bastante seiva a ser escurecida com carvão para pintar toda a aldeia. Já os Assurini da

---

14 Calvet, Louis-Jean. **Tradição oral e tradição escrita**. Tradução: Waldemar Ferreira Netto e Maressa de Freitas Vieira. São Paulo: Parábola, 2011, p.87.

aldeia Koatinemo, também no estado do Pará, como sempre estão pintados, plantam o jenipapeiro no centro da aldeia para facilitar o acesso. Outro fruto usado na pintura corporal é o urucum, do qual sai uma tinta vermelha, também usada como repelente contra insetos, como remédio para coceiras e, moído, como um condimento alimentar, conhecido como colorau.

A cultura é um processo dinâmico que flui dentro de nós como rio e se mantém forte como tronco de árvore, mas que precisa de cuidado, e nesse ato de cuidar, a leitura, a educação, a escuta, o deixar-se aprender são necessários.

A cada dia se tem um pensamento novo que toma forma nas estratégias de manter a cultura pulsante em nós e no território. Comparo as territorialidades e representações culturais com sedimentos que o rio carrega e são depositados em nossa memória, contribuindo para o bem de uma coletividade e para a formação do ser pessoa. Vamos tomar como exemplo o grafismo: ele não pertence a um único indivíduo, mas compõe a identidade de uma nação, independente de onde o sujeito viva, se na aldeia, se na cidade. A arte está em nós e, ao se tornar visível, traduz as informações essenciais para a compreensão do modo de vida de uma nação.

Se a pele é uma tela, desenhar um grafismo é territorializar esse corpo com informações fundamentais que trarão uma leitura do que aquela pessoa sente e quer dizer. Os grafismos carregam responsabilidades, canalizam energias, fortalecem o corpo e a alma de quem os utiliza, desde que saiba seu significado e tenha respeito. Existem grafismos em vários povos; outros são específicos de uma nação; mas todos são patrimônio (i)material dos indígenas.

Para os povos indígenas, a pele pintada fica bonita; além disso, a pintura os empodera com a missão de ser continuidade de um legado. Alguns grafismos carregam a força dos animais (besouro, jabuti, cobras, gafanhotos); outros, a das águas, da entrecasca das árvores etc. Quando os homens vão caçar, a pele é pintada para terem sorte e proteção dos espíritos. As pinturas corporais protegem o corpo físico e estabelecem o equilíbrio do espírito e nos ensinam muito sobre de onde viemos. Por isso, os povos originários têm respeito por seus grafismos sem esquecerem que são patrimônio coletivo.

Novos grafismos surgem a cada dia porque se precisa pensar nas futuras gerações, em deixar um patrimônio rico culturalmente. A inspiração para novas criações vem da sintonia com o universo ancestral e, mesmo que seja ideia de uma única pessoa, torna-se um bem de todos porque, como ensinam os mais velhos, "nada é meu, tudo é nosso".

O grafismo pode ser percebido com uma pele: assim como a cobra troca de pele, o indígena também o faz. Cada grafismo é uma nova pele que, no indígena, tem significado de valor. Justamente por isso não se tatua definitivamente um grafismo: porque pode ser modificado a depender da mensagem que se quer passar. Cada traço tem seu sentido que aponta o caminho a seguir.

Vários povos têm sua cosmologia na água e a utilizam em suas representações gráficas. Assim, por exemplo, para os Omágua/Kambeba, o pontilhado (- - - - - -) significa água, pois imita a onda, da qual surgimos: "O povo Kambeba [...] nasceu de uma gota d'água que cai, topa numa folha de samaumeira, chega ao igarapé e daí nasce o homem e a mulher".[15]

Os grafismos em forma de >X< representam a união de todos os povos e são usados pelos Omágua/Kambeba e por muitas outras nações indígenas. Esse grafismo nos faz sentir mais comprometidos com a luta e nos perceber como flecha que atravessa o tempo, os saberes, os diálogos, as escritas da memória, narrativas, do sentir-se "parente", do respeito, da união. Abaixo, o grafismo *união dos povos*, conforme o olhar dos Omágua/Kambeba:

Grafismo *união dos povos.*

---

[15] Kambeba, Márcia Wayna. **Ay Kakyri Tama:** eu moro na cidade. 2.ed. São Paulo: Editora Jandaíra, 2020, p.10.

Os grafismos são marcas do espaço-tempo em nós, contam histórias, e desenhá-los na pele é dar espaço para a história falar.

Existe um grafismo que representa asas de borboletas; seu desenho lembra uma sequência de "w". Simboliza toda a metamorfose da larva para se tornar uma borboleta. Assim, os Omágua/Kambeba percebem esse grafismo como representação de uma evolução, de um crescimento.

* * * * *

Vivemos um novo tempo, com novos pensamentos, novas estratégias de resistência e sobrevivência, em que os elementos da cidade podem ser encontrados na aldeia[16]. Conhecemos e utilizamos celular, televisão, computador; estudamos na escola da aldeia e na da cidade. Adentramos as universidades, produzimos literatura, música, arte plástica, cinema. Mas a cultura indígena também precisa ser percebida pelo olhar de quem dará continuidade a esse legado. É preciso fazer ciência sem esquecer a ciência ensinada pelos anciões, a contribuição dos povos originários para os saberes da cidade, a base civilizatória para a formação do Brasil:

> » a língua majoritariamente falada no país, criada de três bases (o português falado pelo colonizador europeu, as línguas indígenas e as diversas línguas africanas aqui introduzidas) e difundida em todo país pelos constantes deslocamentos das populações escravizadas;
>
> » a onomástica brasileira (nomes próprios de pessoas, lugares e famílias);
>
> » a religiosidade popular em toda sua diversidade, com a encantaria ou pajelança e os elementos indígenas presentes, por exemplo, no catolicismo popular — e mesmo, segundo Prezzia (2007), em movimentos evangélicos contemporâneos —, na umbanda e no candomblé (os caboclos e caboclas);
>
> » a medicina popular, com o conhecimento da manipulação de ervas, raízes, plantas e animais;

---

16 PARA SABER MAIS: Visite o canal de Djuena Tikuna
https://www.youtube.com/user/djuenatikuna

> diversas manifestações rítmicas e de expressão corporal, envolvendo música, dança e luta;

> uma estética diferente, um modo diferente de ser belo(a)[17].

Para além dessa base civilizatória para nossa sociedade, os conhecimentos indígenas acerca da flora nativa também se prestaram a contribuir, de forma mais ampla, com a humanidade, como no caso do manejo do látex da seringueira.

No século 17, o cronista europeu La Condamine registrou que, em seus rituais, os Omágua/Kambeba inalavam o leite da seringueira, com o qual também fabricavam botinas e botas de cano longo usadas na caçada, que eram comercializadas com outros povos. Em seus escritos, ele descreve a fonte indígena do conhecimento sobre produtos como a quina e a borracha feita a base de seringa ou látex. La Condamine apresenta seus usos mais correntes:

> Quando fresca, pode ser moldada da forma desejada. É impermeável à chuva, mas o que a torna mais notável é sua grande elasticidade. Fazem garrafas que não são frágeis, botas, bolas ocas que se achatam quando apertadas, mas retomam a forma quando cessa a pressão. Com o mesmo material os portugueses do Pará aprenderam com os Omágua a fazer bombas ou seringas que não precisam de pistão: têm a forma de peras ocas, perfuradas por um pequeno orifício na extremidade. Esse utensílio é muito usado entre os Omágua. Quando se reúnem para alguma festa o dono da casa não deixa de oferecer, por polidez, uma a cada um dos convidados, e seu uso precede sempre às refeições cerimoniosas entre eles.[18]

O conhecimento do povo Omágua/Kambeba foi levado por La Condamine para fora do Brasil e devolvido aos brasileiros como "apagador de índio"[19], nome pejorativo com o qual batizaram o primeiro

---

17 Ramos, Ricardo Tupiniquim. **Línguas e cultura indígenas.** Caetité: UNEB/DCH – Campus VI, 2018.

18 La Condamine citado em Pinto, Renan Freitas (org.). **O diário do padre Samuel Fritz.** Manaus: Edufam/Faculdade Salesiana Dom Bosco, 2006, p.143.

19 PARA SABER MAIS: Acesse Índio e indígena Mekukrajá (2018) https://youtu.be/s39FxY3JziE

objeto de látex extraído da seringueira, a borracha de apagar. Nunca nos deram o valor merecido pela domesticação da seringueira ou pela descoberta do produto. E, no auge do ciclo da borracha, os indígenas foram escravizados pelos senhores de seringais ou coronéis de barranco, que lhes impuseram o trabalho forçado na extração da matéria-prima. No entanto, além de La Condamine, outros cronistas da época deixaram o registro da autoria original do uso do látex, matéria-prima que o Brasil e o mundo ainda consomem em abundância.

Esse é um dos inúmeros exemplos dos vastos saberes dos povos da floresta, e de como parte dessa riqueza e autoria lhes foi roubada. Hoje, muito do que nos transmitem os anciões não pode ser revelado a pesquisadores; são conhecimentos que precisam continuar em segredo, sendo transmitidos pela oralidade, porque é dever de cada nação zelar por suas memórias ancestrais e sagradas.

Atualmente, nós, povos originários, buscamos manter nossa cultura viva através de elementos que carregamos em nossa uka sagrada, nosso território ancestral, o próprio corpo, a alma, a memória. O conhecimento adquirido com os mais velhos não se perde com a vivência em área urbana. Mesmo vivendo em uma selva de pedra, na convivência acelerada do ir e vir de carros e aviões, os indígenas residentes fora da aldeia conseguem fazer a ponte entre o saber ancestral e o saber da cidade.

Ligar mundos, ser ponte para o outro, é tarefa que requer amor, humildade, sabedoria, caridade, vontade de partilhar saberes de importância certa na caminhada e na escolha sobre o caminho a seguir rumo ao novo horizonte, sempre além do imaginável, um novo nascer do sol e da lua nova.

A sabedoria dos povos originários nos fez grandes, no sentido de buscar estratégias de não usar somente a força física, mas de fazer da sua ciência e da sua flecha com ponta de taquaraçu letras e mensagens, que, proferidas, serão certeiras, atingindo o alvo na parte mais importante, que é o pensamento crítico e reflexivo; atingindo a mente para chegar ao coração.

Assim caminham os povos da floresta, buscando demarcar seus territórios, lutando contra o sistema que quer vê-los desapropriados de terras produtivas, ricas em minérios, madeira de lei, onde entende que precisa ser construída uma hidrelétrica ou uma hidrovia. Se há "índio" no caminho, deve ser retirado. Para onde vão? Não se sabe ao certo. O que se pode dizer é que, na cidade, seu endereço será a favela, a periferia; terão dificuldades de adaptação e, consequentemente, passarão fome. Na aldeia, quem chega tem abrigo, comida e um belo lugar para desfrutar a paisagem. É pensando no bem comum dessa casa de todos que os povos que vivem debaixo do manto sagrado da natureza cuidam dele como se o fizessem a si mesmos, porque está tudo interligado.

NA ALDEIA SE APRENDE NA PARTILHA DE SABERES: RELATO DE PRÁTICA DE CAMPO

TERRITORIALIDADE

A terra em sua importância
Carrega os filhos do sol
Gesta a cultura na singularidade da aldeia
Com a nossa peculiaridade
Territorializamos a geradora da vida.

Na forma de apanhar o jenipapo
Na batida dos pés no chão
No ritual de cortar o cabelo
Nos grafismos típicos de cada nação
Impregnamos nossa afirmação.

O território é por assim dizer
Um espaço geográfico
Onde realizamos nossas atividades
Onde rememoramos nossa cultura.

De onde tiramos nosso sustento
Que pode ser partilhado e celebrado.
Por isso, ele se faz tão importante
Tão essencial, e simbólico
E a territorialidade é o resultado dessas práticas.

Está viva em cada sonho, em cada renascer
No florir de nossas crianças, em cada amanhecer
No adeus aos nossos anciões
Na certeza que entendendo sua importância
Vamos manter a chama da luz
No fogo sagrado, uma chama que reluz.

E aquece-nos do frio do preconceito
Na imortalidade do que representa
A cultura material e imaterial
Presente na força ancestral.

Não esquecendo que a territorialidade
Está também no conhecimento do pajé
Em cada narrativa, na escrita do meu pensar
E é a memória do meu lugar
E o lugar da minha memória.

Trabalhar com educação indígena dentro das aldeias para o ensino de graduação tem me proporcionado um grande aprendizado, com o olhar geográfico dirigido ao modo de vida e ordenamento dos territórios. Pelo então Programa Nacional de Formação de Professores da Educação Básica (Parfor), renomeado no atual governo, a universidade do Estado do Pará me deu a oportunidade de conhecer a realidade de alguns outros povos (Wai Wai, Suruí, Tembé, Arapium, Kayapó e Gavião); em cada aldeia, a convivência foi uma partilha de conhecimentos fundamentais para o encontro e comprometimento com o "ser indígena".

Chegar à aldeia é como chegar à própria casa, pois todos formam uma grande família. Às seis horas da manhã, eu deixava a casa dos professores para ir à beira do rio ver o sol nascer, aguardava os primeiros movimentos das pessoas descendo para tomar banho ou lavar suas vasilhas, enquanto outros já voltavam da pescaria. Era uma lição aprendida com o meu pai adotivo, na aldeia onde nasci. Na volta, ia sentindo o cheiro do café vindo das casas próximas ao rio e o convite soava pela janela: "Quer um café, professora?". "Vamos tomar café, parente, com peixe assado?". Era difícil não aceitar o convite, sobretudo quando o peixe era do dia anterior, que fica ainda mais gostoso.

Às sete da manhã, já estamos em sala de aula. Como nada se faz sem a bênção dos ancestrais, minha aula começava com canto para pedir permissão às espiritualidades da terra, água, mata e ar. **O canto em roda é nossa forma de nos sintonizarmos com as energias da natureza; dar as mãos representa união, companheirismo, confiança.** As cadeiras eram postas em círculo para facilitar a comunicação entre todos. A turma era composta de professores e professoras de vários povos, todos atuantes em suas respectivas aldeias. Por isso, o curso de graduação era modular.

Para falar de territorialidade, gostava de fazer com a turma uma caminhada pela aldeia. Começávamos pela casa de reza, o centro comunitário, a casa de farinha. Eles também opinavam na escolha dos pontos de visita. Na aldeia dos Wai Wai, conversamos com o pajé, e ele tocou um canto sagrado na flauta de veado que não se ouvia há um bom tempo. Conversou em wai wai com os alunos, um dos quais foi escolhido como meu intérprete da prática de campo. A escolha da trilha na mata era sempre da turma: eu lhes pedia uma trilha que possibilitasse falar dos tipos de solo, da roça, dos impactos ambientais, como a erosão, e o tipo mais presente nas aldeias, a voçoroca.

A organização da saída de campo era minha, como educadora, mas dentro da mata eram os homens que indicavam por onde ir. Na beira do rio, era possível explicar a cultura como um processo cíclico, tendo como exemplo uma pequena queda d'água, bem como falar de poluição, da importância da coleta de lixo para não impactar o ambiente — o que se joga no esgoto vai para o rio que chega aos mais diversos lugares, como uma aldeia a quilômetros de distância dos centros urbanos.

Na aldeia do povo Arapium, seguindo a trilha definida pela turma, pude visitar seus pontos sagrados. Nessa aldeia, foi possível sentir a força da espiritualidade, uma energia forte, mística, em cada narrativa contada pelos alunos e alunas. Com a turma, estavam o cacique e o pajé. Quando eu percebia a chegada do cansaço ou quando o tema a ser trabalhado parecia maçante, pedia que um deles contasse uma narrativa sobre os seres da natureza, protetores do rio e da mata.

Numa dessas ocasiões, o pajé pediu para contar o que havia acontecido com ele numa pescaria um dia antes de nossa prática de campo. Sempre que iam para a aldeia-polo estudar, a maioria levava a esposa ou o marido e os filhos; o pajé levou a esposa. Como já estavam sem comida na casa, ele aproveitou o domingo para pescar, passando por um dos pontos sagrados da aldeia, a antiga morada da dona Zenaide, uma senhora que viveu por ali, mas um dia se encantou junto com seus filhos e foi morar na ponta da praia, tornando-se protetora do rio Caruci. O pajé encostou sua canoa, jogou a rede, e não vinha peixe, porque havia muitos botos por ali, que costumavam arrebentar a rede dos pescadores. Ele tentou mais algumas vezes, sem sucesso; mas, na última vez, pediu à encantada que espantasse os botos e que ele conseguisse pegar apenas dez peixes. Jogou a rede novamente e, quando os botos vinham para cortá-la, apareceu um boto de cor diferente, que espantou os que tentavam atrapalhar a pescaria. Quando puxou a rede do rio, havia exatamente dez peixes nela; nem um a mais, nem um a menos. Ele agradeceu a ajuda recebida e seguiu para a casa onde estava hospedado com a esposa.

Levada pela turma em nossa prática de campo, conheci aquele ponto sagrado. Ao chegar lá, o cacique me disse: "Ponha seus pés na água e um pouco no seu rosto e na cabeça, e converse com ela". Prontamente obedeci. Deixaram-me só alguns segundos com dona Zenaide. É preciso acreditar nas forças da natureza, que protegem e ajudam quem por elas tem respeito. Como educadora, eu ouvia atenta as falas de todos(as), aprendendo com cada um e cada uma. Eu me via aluna com eles e, de repente, nossa relação de afetividade foi ficando mais forte e a confiança se estabeleceu.

Quando estamos em sala de aula, não estamos apenas dando, mas também recebendo. Não ensino nada: sou apenas uma facilitadora empolgada com cada descoberta que fazemos juntos. Aprender a estender a mão é importante. Como educadores, precisamos criar laços afetivos com nossos alunos e alunas e cuidar para que um possa confiar ao outro algo importante de suas experiências e âncoras.

Dessa aldeia, trago muitas lições aprendidas das observações sobre o território físico, simbólico e sagrado. Para os povos originários, cada pássaro, animal, cada árvore tem um espírito, e a

eles deve-se pedir permissão, agradecer, se conectar. O silêncio é uma oração que nos permite um encontro com a espiritualidade, ouvir ensinamentos e conselhos com os ouvidos da alma e do coração.

Saber as histórias do seu Merandolino e de dona Zenaide foi fundamental para que eu me conectasse ainda mais com meu sagrado e com o território, que é esse lugar de profundas relações de humanismo e interculturalidade.

Numa noite de lua cheia, os alunos organizaram um ritual com a bênção da água de cheiro e do fogo pelo pajé. A roda se abriu para acolher indígenas e não indígenas que apareciam para essa experiência de sintonia com o sagrado. Essas vivências precisam ser respeitadas, jamais violadas pela imposição de outra crença. Por que apagar uma chama que ainda fumega?

Dar aula na aldeia não é uma obrigação ou algo que eu faça pelo simples fato de receber o salário. Gosto de estar entre os(as) parentes, aprender de cada um algo novo e compartilhar o pouco que sei. Contar-lhes como viviam os Omágua/Kambeba antes e como estão hoje. É nesse convívio que buscamos estratégias para melhorar a manutenção da cultura, ou formas de replantar áreas destruídas por desmatamento etc. Gosto quando o intervalo não tem importância, e continuamos em sala até que alguém se disponha a providenciar nosso lanche, que é partilhado.

No fim da aula, ia dar meu mergulho no rio Caruci, sempre com a permissão de dona Zenaide e do seu Merandolino. É relaxante sentir a água bater nas costas. A tarde se despedia com o sol beijando a água; a noite chegava e, no outro dia, nossa aula recomeçava com canto e alegria.

Gosto de ser educadora e exerço a minha função com amor. Ser educador é uma arte, precisamos renovar todo dia nossa metodologia de ensinar. É como ser um ator no palco, que precisa se esforçar ao máximo para prender a atenção da plateia e não deixá-la dormir. Assim somos nós, professores e professoras de um tempo novo.

Algo que também gosto de fazer em minhas aulas é levar um ancião para falar aos mais jovens. À noite, contamos histórias: a roda é formada, os moradores vão chegando com suas crianças

e, em seguida, os anciões, nossos troncos de sapopemas sagradas, dos quais corre um rio de sabedoria em forma de oralidade. Não há contação de história melhor que a deles, porque têm a vivência.

O mingau de banana com tapioca é para depois da contação. O fogo aquece as ideias e afugenta insetos. Põe-se uma cadeira no centro da roda e o ancião que se sentir à vontade se senta e conta a sua narrativa. Ao terminar ele sai e outro vem, e assim seguimos até que se sintam cansados. Quando isso acontece, já passa da meia-noite. E tudo é aula, sem nos preocupar com o tempo contado no relógio. Por ser cultural, a oralidade está fortalecida no cotidiano das aldeias, na presença dos mais velhos, no respeito que temos por sua sabedoria e por serem mantenedores da força que rege toda a educação indígena ensinada às pessoas, do nascer até sua fase adulta.

Quando estou na aldeia, escuto vozes da floresta que ensinam mais do que qualquer professor. Uma boa parte da educação infantil é delegada à floresta. Os pais deixam seus filhos horas na mata para aprenderem a emitir sons de pássaros, através dos vários tipos de assobios. Os pássaros cumprem bem seu papel de educadores, ensinando a emitir frases lindas e melódicas. Dos animais como o macaco, as crianças aprendem sons utilizados em rituais e cantos de roda. Para os Omágua/Kambeba, emitir os sons dos animais na hora do canto representa uma forma de manter a força e o espírito da natureza com eles. As crianças indígenas residentes na aldeia aprendem a sentir o cheiro do vento, a saber que tipo de vento está soprando. É bonito ver os papéis se invertendo: na sala de aula, o professor de fora dá sua aula, mas na mata, se for prática de campo, os alunos passam a ser os professores e ensinam onde e como pisar, onde não tocar, o que comer e até onde ir, a hora de chegar e de voltar. As crianças sabem bem essa lição, porque a floresta já lhes ensinou.

É preciso promover a escuta, mas também fomentar nos alunos e nas alunas a coragem e a vontade de externar seus pensamentos, bem como contribuir para o surgimento de novos escritores. Nas rodas de conversa, gosto de ouvir as crianças, adolescentes e jovens, porque deles vêm os porquês interrogativos que me fazem produzir poesias e outros textos, refletir e procurar as respostas juntos. Imagine que você está dando uma aula quando, de repente, uma borboleta ou um beija-flor invade sua sala e começa a chamar a atenção dos alunos. O que você faria? Deixaria o pássaro dar sua aula e depois aproveitaria a presença desse ilustre visitante para falar de natureza, biologia animal, da mística em torno do beija-flor ou cuidaria de tirar ele da sala para continuar sua aula de onde parou? Caminhos são apresentados para fazermos sempre uma excelente aula, depende somente da criatividade.

É preciso olhar nossas crianças, nossos alunos e alunas, dar-lhes atenção, elogiar um vestido, um laço no cabelo; a criança ou o(a) jovem vai se sentir importante porque você o(a) notou. Precisamos de gente forte na educação, que busque mudanças, porque não é fácil ser diferente num espaço onde muitos não estão dispostos a contribuir com essa mudança.

Por fim, talvez o importante da educação não seja entupir o(a) aluno(a) de informações, mas ajudá-lo(a) a descobrir sua singularidade, desenvolver afetos para depois mostrar como dar. Cativar e criar laços faz a aula ser inesquecível, e isso inclui o(a) professor(a).

Concluindo (por ora) estas reflexões, convido vocês mais uma vez a lerem os poemas que seguem, observando que, desde os primeiros contatos com os não indígenas, no século 16, os povos originários eram acolhedores, buscando uma relação de entendimento, mesmo que não fosse a mesma pensada pelos "invasores". Os Omágua/Kambeba, segundo os mais velhos, eram receptivos aos que chegavam de outros lugares e aldeias, e assim permanecem, acolhendo o diferente em seu espaço.

SERINGUEIRA

Foi com os povos
Que a descoberta se deu
Látex, seringueira, caucho
Pele escurecida na fumaça
Ouro que na mata nasceu.

Mas com a chegada de "may-tini"
O ouro, a conquista comeu
Aprenderam com os Kambeba
Que botas se podia fazer.

Levaram o ouro embora
A ganância nos fez ver
Que um dia o látex
Iria nos fazer sofrer
O que vinha naturalmente
Agora nos forçavam a colher.

Na aldeia o látex era trabalhado
O pajé fazia seu ritual
O leite que a seringueira dava
Espantava espírito mau
Mas com a descoberta de seu uso
a aldeia virou seringal.

O conhecimento virou borracha
Para com ela apagar a existência
Destruir a identidade
Enfraquecer a resistência
Fazer a aldeia se esquecer
De que possui alta ciência.

Será coincidência?
O branco batizar
De "apagador de índio"
O primeiro objeto que dela formou
Quanta ganância
Pelo látex que La Condamine
Estudou, batizou, roubou.

Hoje o látex está nas rodas de pneus
No sapato que protege os pés
Em vários objetos sem dar crédito
Aos verdadeiros descobridores
Assim como se sangra a seringueira
O dono do seringal sangrou
A alma de bravos guerreiros

INFÂNCIA ROUBADA

Lembro dos bons momentos
Flores que o tempo cuidou
Na rua cantigas de roda
Histórias que o avô ensinou
Amarelinha que a gente pulou.

O tempo mudou
As cantigas se ofuscaram
Amarelinha se apagou
Gargalhadas se calaram
Infância! Quem te roubou?

O ser criança foi esquecido
E violentado no seu querer
A criança tem que ser adulta
Antes de adulta ser.

Crianças do abandono
Sofridas sem carinho e amor
Crianças que choram sozinhas
O frio da solidão.

Crianças que sentem fome
De um olhar, atenção, educação
Sofridas sem carinho e amor
Sentem saudades de um cantinho
De um cobertor, alegria e carinho.

Criança que cuida de outra criança
A esquina da rua é seu endereço
O crime lhe fez vítima
Será que o governo lhes tem apreço?

Está em casa
Na rua, na esquina
Na calçada
E ninguém vê.

Brincar de boneca?
É coisa ultrapassada
Arma na mão
"E vai descendo até o chão".

Não negue seu olhar
Não diga que não pode fazer nada
Não permita uma infância do medo
Uma infância roubada.

LUGAR DE "ÍNDIO"

Vieram as expedições
Nos viram aqui
Minha aldeia, minha uka
Jaraqui, tracajá, tambaqui
Alimentei toda tropa
Dei minha rede para dormir.

Não sabia a língua deles
E achei que entendi
O que os homens falavam
Sentado eu ouvi
Sinalizava com a cabeça
Roubaram nossa terra
Isso não permiti.

Minha aldeia foi saqueada
Minha uka incendiada
Mulheres violentadas
Crianças roubadas
E eu sem ter aonde ir.

Foi em nome do rei
Do crescimento, progresso
Da ganância e vaidade
A aldeia foi se modificando
Hoje virou cidade
E o meu regresso?
Vi a aldeia ser engolida por trator
Porque a terra já era de um tal doutor.

Agora na cidade
Cabelo longo foi o que restou
No ônibus vem o destrato
"Aqui não pode entrar"
É falso seu documento
Disse o motorista desconfiado.

Meu senhor, mas que tormento
Deixe-me explicar
Ele não me deu atenção
Desci do busão
Lugar de "índio" é na aldeia
Ouvi sem retrucar.

Eu sobrevivo nessa estrada
Sou a trilha, caminho, caminhante
Sou guerreiro viajante
Minha "cara de índio" está
Na luta, no sorriso, no viver

Meu lugar é onde estiver
Porque minha aldeia se constrói
Na memória que trago
No fumo mastigado
No peixe moqueado
No cheiro de fumaça
Que a aldeia em mim colocou

A cidade me deserdou
Mas levo comigo
O que o "branco" não apagou
Identidade
Cuido desse bem que me restou
Com luta, sorriso, não importa onde estou.

ESCRAVIDÃO INDÍGENA

Vivi a escravidão!
Minha algema era a violência
Surrado, explorado
Vi a bala ferir o irmão.

Vivi a escravidão!
Perdi o direito à liberdade
Vi o homem da cidade
Impor normas pela evangelização.

Dizer como devia falar
Mudar meu nome
Vestir minha nudez
Queimar minha casa
Estuprar a mãe terra
Com a cruz e a espada.

E o progresso da dominação
Da matança e do poder
"Integrar para extinguir"
Estratégia que o contato fez nascer
Branqueamento dos povos
Fazê-los desaparecer.

A escravidão acabou?
Ainda é sentida a algema da opressão
Os povos gritam "não" à violação
Pedem urgência na demarcação!
Coisa que não se conhecia
Antes da "colonização".

Antes tudo era partilhado
Fronteira? Se conhecia não!
Hoje o poder e o progresso
Traz na arma a bala da "integração".

Sabe,
É preciso mudar a história
Conhecer antes de falar
Ajudar o planeta
O progresso não quer só "integrar"
Está alterando o clima, aquecendo a terra
Poluindo o ar
Já escolheu
Em qual deserto queres morar?

POVO DO MEDO

Antes do "descobrimento" do Brasil
Não havia grades nem cercado
Cada povo convivia com o vizinho
Pele pintada, corpos nus,
Dias bons para viver.

Do barro à panela
Chá de pau de canela
Açúcar a cana dava
O mais que queria da terra brotava.

Estamos no século 21
Aldeias amedrontadas
E o toque de recolher?
Novamente o invasor
Dita regras, nos diz o que fazer.

O cacique foi assassinado
O guardião da natureza foi derrubado
Seus direitos violados
Quem irá nos defender?

A luta é por território
Proteção à biodiversidade
Mas é difícil andar na cidade
Sem temer a brutalidade.

Somos entraves para o capitalismo
Mas não se pode ficar no comodismo
E continua o grito por resistência
Mas a maldade não para.

Não guardo segredo
E minha voz dispara
Mataram mais um Guajajara
Onde foi? No Maranhão.
Lutava por seu pedaço de chão
De que foi? Foi a bala da ambição.

POVO ORIGINÁRIO

Não sou "índio"
Tenho povo, sou nação
Em tempos passados
Me apelidaram, saquearam
Sem permissão.

Fizeram aldeamentos
Fui amarrado, escravizado
A mata me escondeu
Flechas atirei para ferir
Carabina me rebateu.

Resisti para mostrar
Que a educação vem de berço
Com amor vou ensinar.

Sou Kambeba, Kokama,
Tapuia, Waiãpi,
Sou Mura, Bororo,
Sou Tembé, Wai Wai,
Munduruku, Suruí.

Sou Zoé, Macuxi,
Tupinambá, sou Matis,
Pataxó, Kayapó,
Miranha, Assurini.

Sou Karajá, Tikuna,
Arapium, Apinajé,
Borari, Tukano,
Aimoré, Amanayé.

Potiguara, Tabajara,
Canela, Guajajara,
Truká, Pankararú,
Kariri, Fulniô, Xucuru,
Xavante, Karipuna,
Caeté, Tupiniquim.

Pacajá, Turiauara,
Guajá, Kaapor
Jacundá, Tapirapé,
Nambiquara, Anambé.

Kamayurá, Aiaká, Parintintin,
Carijó, Kiriri, Tacanas, Katukina,
Tapirapé, Chaupana, Pareci,
Canoeiro, Apurinã, Wapixana.

Arapaso, Arara, Aranã, Arara do Pará,
Arikapu, Aruás, Marajoara, Bakairi,
Ashaninka, Hini Kuim, Aweti,
Aticum, Gavião, Hixkaryana, Jarawara,
Kadwéu, Kaimbé, Kaixana, Kaingang.

Kalapalo, Kalankó, Suruí Paiter,
Kanamari, Kanataruré, Kanoê,
Kapinawá, Karapotó, Kariri-Xocó,
Katukina, Krenak, Kulina, Kaxixó
Cinta Larga, Kuripako, Kuruaya.

Makurap, Makuxi, Palikur, Pankaru,
Parakanã, Mura, Suyá,
Sateré-Maué, Shanenawa,
Xeréu, Witoto, Xakriabá, Xipaya, Xokleng,
Xokó, Yawalapiti, Yawanawá, Juruna/Yudjá,
Zuruahã, Kambixuru, Terena,
Yanomani, Guarani,
Sou daqui e estou aí.

Onde moro se chama aldeia
"Tribo" não se diz por aqui
Minha casa se chama uka
Território, meu lar
Sou a terra beijando o verde
Sou o azul colorindo o mar.

Aprendo com o dia a dia
A ter respeito por meu sagrado chão
Minha sala de aula é alegria
Minha merenda é fruta-pão
Com chá de capim-santo
Vejo a hora pelo sol
Sem pressa de aprender
Porque o amanhã é continuação.

Escrevo na terra molhada
Na areia para água levar
Mensagens ao boto rosa
Recadinho para Iara guardar.

Falar a língua materna
Terna é a mãe que ensinou
A força de ser persistência
Resistência em mim tem valor.

Quero escrever um novo tempo
Com a tinta que vem da união
Pensar universos e pontes
Sem guerra, preconceito e discriminação
Sou povo originário da cor da terra
Valente de guerra, quero paz no coração.

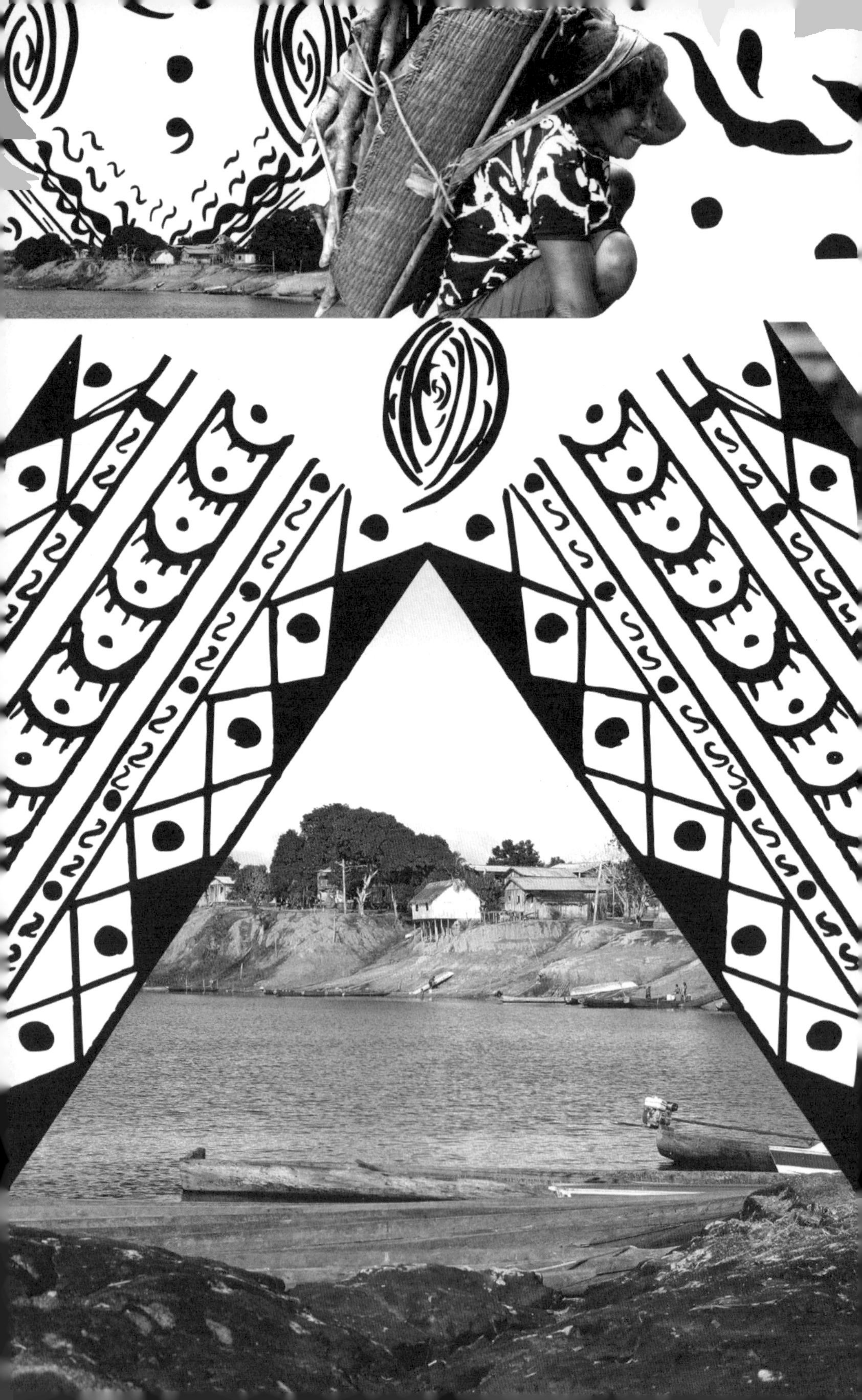

O PAJÉ E A ESPIRITUALIDADE DE UM POVO

PAJÉ ANCESTRAL

E chegaram os invasores
Trazendo a cruz e a espada
Adentraram as aldeias
Desrespeitaram Jurupari,
Se assustaram ao ver o pajé
Assumir a face de Guaricaya,
E no ritual que cura o mal
Não podia ter criança e nem mulher.

Chegaram os "descobridores"
Anunciaram sua cultura
Pela força da fé e espada
O pajé se viu numa encruzilhada
Evocação para cura?
Metamorfose nunca mais
Disse o "branco" fazendo sinais.

Rituais esquecidos
Povos desunidos
Doença, fome, dor
O pajé virou pastor
Seu maracá foi quebrado
O espírito se afastou
E o que trouxe o contato?
Uma era de pavor.

A Amazônia é guardiã de mistérios e magias. Debaixo de seu manto verde estão diversos povos, que conviviam em harmonia e união, tinham um elo forte com as divindades e cultuavam seus mortos por longos dias com rituais. Muito do que se tem hoje de relato de como eram os antigos rituais vem da memória embranquecida dos anciões ou dos escritos dos viajantes, missionários e cronistas de séculos passados.

Para falar de espiritualidade indígena e sua relação com o universo transcendente, é preciso falar do pajé e de sua importância na manutenção da cosmologia de cada povo, no fortalecimento da crença e do equilíbrio energético nas aldeias.

Antes da colonização, para além da cura, os espíritos invocados pelos pajés tinham a missão de educar, orientar. A partir das configurações próprias de sua respectiva cultura, cada povo cultua(va) os elementos da natureza e seus ancestrais, buscando nas narrativas as explicações do que lhes fugia à razão. Os povos mantiveram acesa a chama de sua espiritualidade, conduzindo-a com cautela para não se apagar de vez. Trabalhavam-na a seu próprio modo, sem conhecer palavras como "deus", "religião", "céu", "inferno", apresentadas com a chegada das missões em suas terras.

Segundo Ramos, já no primeiro documento da conquista — a célebre "Carta" de Caminha ao rei de Portugal —, começou um processo de invisibilidade das religiões indígenas:

> Parece-me gente de tal inocência que, se nós entendêssemos a sua fala e eles a nossa, seriam logo cristãos, visto que não têm nem entendem crença alguma, segundo as aparências" (CAMINHA, 1993 [1500]). Estava enganado o célebre escrivão da esquadra cabraliana, pois, como qualquer outra sociedade humana, as brasilíndias também são dotadas de religião. A grande questão é que, na ausência de símbolos com os quais estava acostumado (ídolos, imagens, cruzes), ele interpretou de maneira equivocada o comportamento das pessoas que encontrou nestas bandas do Atlântico.[20]

Como a missão dos religiosos europeus no Brasil era a propagação de sua fé à população originária, a primeira providência era identificar e desacreditar a figura dos pajés, associando suas práticas ao mal, demonizando os rituais de coesão social daquelas sociedades, bem como suas divindades. Ora, como temiam as manifestações espirituais indígenas, os missionários demonizavam todas, menos uma, porque era associada ao deus cristão:

> Ao contrário do que aprendemos na escola, Tupã não significa Deus em tupi-antigo. Nessa língua, originalmente, a forma Tupã

---

[20] Leite, Gildeci de Oliveira; Ramos, Ricardo Tupiniquim (orgs.). **Leituras de letras e cultura**. Salvador: Quarteto Editora, 2018, p.29-30.

(variante: Tupana) — de origem onomatopaica —, designava o raio (*tupã-beraba* "tupã brilhante") ou trovão (*tupã-sinunga* "tupã estrondante"), sendo considerado, como todo elemento natural, um gênio, no caso, o gênio controlador do clima, do tempo, das tempestades. [...]

Com a colonização, os jesuítas, sem palavra melhor para dar aos índios o conhecimento de Deus, deturparam-lhe o sentido [...].[21]

Vemos a demonização, por exemplo, de Guaricaya, divindade mais temida dos Yurimagua, antigos vizinhos dos Omágua. Aproveitando-se do temor natural do povo à divindade que, uma vez invocada, incorporava nos pajés, os missionários a associaram ao diabo cristão, conforme o relato de Samuel Fritz:

Notável foi que averiguei nessa aldeia dos Jurimagua e foi que, em um festim que celebravam, ouvi do rancho onde pousava, tocar uma flauta que me causou tal susto que não pude sofrer seu som; mandei que deixassem de tocar aquela flauta, perguntei que era aquilo e me responderam que dessa maneira tocavam chamando a Guaricaya, que era o "diabo", o qual desde o tempo de seus antepassados visivelmente vinha, e assistia em suas aldeias e lhe faziam sua casa sempre apartada da aldeia e ali lhe levavam bebida e os enfermos para que os curasse. Fui perguntando com que cara ou figura vinha respondeu-me o curaca chamado Mativa: padre, não sei explicar, só sei que é horrível...[22]

Então, o missionário pôs uma cruz no centro da aldeia, garantindo que dali em diante aquele espírito não mais entraria ali.

Ao longo do processo de colonização, o adensamento dessas práticas de propagação religiosa, pela catequese, levou muitos povos a se distanciarem de suas crenças originais, modificando o território do seu Sagrado. Assim, já é longa a luta dos pajés na proteção do Sagrado ao qual foram iniciados, de forma a conduzir as aldeias

---

21 Leite, Gildeci de Oliveira; Ramos, Ricardo Tupiniquim (org.). **Leituras de letras e cultura.** Salvador: Quarteto Editora, 2018, p.65.

22 Fritz citado em Pinto, Renan Freitas (org.). **O diário do padre Samuel Fritz.** Manaus: Edufam/Faculdade Salesiana Dom Bosco, 2006.

e os povos. Como se dá o trabalho de um pajé? Segundo Wagley e Galvão:

> O pajé inicia a cura cantando as canções daquele sobrenatural que o seu inquérito leva a considerar como provável. Acompanha a si mesmo, marcando o ritmo da canção com uma batida forte de pé, chacoalhando o maracá. Dança em volta do paciente: em geral, a família deste e alguns dos circunstantes o acompanham. A esposa ou um ajudante preparam-lhe os cigarros feitos de folhas de fumo enroladas em fibra de tawari. Um ajudante toma o maracá e o pajé preocupa-se daí por diante com a cura propriamente dita. Chupa repetidas vezes no cigarro para soprar a fumaça em suas mãos ou no corpo do paciente. Afasta-se para um lado e chupa o cigarro até que, meio tonto, recua de súbito e leva as mãos ao peito, o que indica ter recebido o espírito em seu corpo.[23]

Como diz o relato acima, no trabalho de cura, de fato, o maracá tem papel relevante, pois ele possui o espírito.

Cada espírito tem um animal que o simboliza (o espírito da onça, o do grilo etc.) e cada um se comunica de uma maneira diferente com o pajé. No mundo físico, conhecemos a onça que, além de ser um espírito protetor do pajé, representa um clã. No mundo espiritual, só o pajé vê o espírito da onça e canta para ele. Seu canto de cura tem forma de mantras, entoado baixinho, quase inaudível:

> O canto dos pajés por sua vez deverá nos lembrar que a distância que nos separa dos deuses e dos espíritos dos mortos, povoando esse mundo intermediário, é a de uma música, um canto. Um canto é uma música, é verdade, que deve evocar tanto quanto ser escutado. Eis o papel do xamã (pajé), este vidente que de noite chama e interpreta os sons da luz.[24]

---

[23] Wagley e Galvão, citados em Laraia, Roberto de Barros. As religiões indígenas: o caso tupi-guarani. **Revista USP**, São Paulo, ano 16, n.º 67, p. 6-13, set. nov./2005.

[24] Samain, Etienne. **Kaapor:** cantos e pássaros não morrem. Campinas: Unicamp, 1988.

Além de essencial à aldeia por seus trabalhos de cura física e espiritual, é do pajé que vêm os ensinamentos que direcionam a vida das pessoas: a cosmologia e os seres encantados, os segredos das matas, a força das águas, as defumações, rezas, os remédios de ervas e os unguentos de banha de animais, o protocolo dos rituais, o hábito de falar baixo.

Por meio da sabedoria do pajé, transmite-se toda a formação para o equilíbrio espiritual do povo.

Daí o fato de que nas aldeias até podemos encontrar um posto de saúde para curar o corpo caso o pajé esteja ausente, mas dificilmente vemos instituições como prisões ou sanatórios. A presença de nossa liderança espiritual sempre desempenhou um papel fundamental para o equilíbrio em nosso espaço. E, se hoje há problemas com álcool, drogas e outros vícios nas aldeias, por exemplo, eles vieram pelo contato com a cidade.

O processo de formação de um pajé é distinto de cultura para cultura. Em 2016, em uma palestra, ouvi a seguinte explicação de um pajé Suruí Paiter:

> Um Suruí Paiter, para exercer a função de pajé, tem que estar acompanhado de um grande pajé mais experiente, porque a preparação será no mundo dos espíritos. Na preparação, o aspirante morre no mundo físico e vai para o mundo dos espíritos começar seu aprendizado e o pajé tem que ser forte para manter ele vivo no mundo físico. Não é fácil ser pajé: é um risco para a pessoa voltar ou não. E ser pajé vai além dessa dimensão. Quando um guerreiro morre e consegue passar pelo caminho da morte e todas as provações, ele segue o pôr do sol, ou seja, segue o caminho que o sol se põe.[25]

Aqui nos referimos à palavra "pajé" sempre no masculino porque, na maioria das sociedades indígenas brasileiras, essa é uma função exercida por homens, em poucos casos ela fica a cargo de mulheres. Todavia, em Belém do Solimões, na aldeia Tikuna onde nasci, vi minha mãe-avó Assunta realizar feitos racionalmente inexplicáveis.

---

25 Citação livre de uma conversa informal entre a autora e o cacique Xamuay, Suruí Paiter.

Chamou-me a atenção o caso de uma criança morta por afogamento, cujos pais, passado um dia, não lhe achavam o corpo. Quando chegou a noite, então, foram pedir ajuda a minha mãe-avó, que, após ouvir o relato, pediu a eles que voltassem pela manhã, pois ela já saberia a localização do cadáver. Cedo na manhã seguinte, eles retornaram, e minha mãe Assunta lhes pediu que procurassem no atracadouro da aldeia. Embora o pai da criança dissesse que já havia procurado o corpo naquele lugar, eles foram até lá mais uma vez. E foi à tarde que recebemos a notícia: realmente, o corpo estava no local indicado. Minha mãe-avó me dizia que rezava, e as informações lhe vinham em sonhos. Além disso, ela conhecia os remédios para muitas doenças. Houve um caso em que a hérnia de um homem foi curada; a doença praticamente o impedia de andar, e os médicos que atendiam na aldeia não queriam operar pelo risco.

Por isso, os Tikuna tinham por minha mãe-avó Assunta um profundo carinho e respeito. Se ela se percebia pajé, não sei: só sei que ajudou muito as pessoas nas questões espirituais, na saúde e na educação. Também foi por ela que conheci o rapé[26] dos rituais de cura e aprendi a fazê-lo, pois ela o fabricava para uso doméstico, mesmo depois de nos mudarmos para a cidade. Também aprendi o preparo de banhos serenados e a serventia de diversas folhas. Essa formação nenhum banco escolar consegue dar, porque é sabedoria milenar.

A espiritualidade indígena consiste na união dos dois universos — o físico e o espiritual —, na relação do humano com a divindade, o não humano. A espiritualidade indígena é marcada por rituais que instrumentalizam situações em que a pessoa trabalha em si um saber simbólico e imaterial que cada um carrega consigo e o territorializa onde for; por isso, o território do Sagrado indígena também é memorial.

Em nossos dias, preocupa-me o fato de ver o desaparecimento ou a marginalização da figura do pajé, o guardião da saúde[27], e da espiritua-

---

26 Entre os benefícios do rapé, estão a cura de alguns males, como sinusite e dor de cabeça, e o equilíbrio do espírito.

27 O pajé é o médico da aldeia e, sem sua presença, as plantas também vão perdendo seu poder curativo. Esse vasto conhecimento do poder das plantas veio da convivência íntima dos povos com a floresta, constituindo o que a ciência ocidental chama de conhecimento etnobiológico, algo que contribuiu para o tratamento de doentes na cidade. Apesar disso, infelizmente, em muitas

lidade dos povos originários, que vêm sendo aos poucos esquecidos. Seu lugar está sendo violado, mais uma vez, pela propagação de paradigmas da religião cristã, que, embora distintos dos preconizados no início da colonização, agem com o mesmo fim: primeiro, promover a aculturação, pela dominação religiosa, para, em seguida, expropriar o povo aculturado de suas terras e passar a explorar suas riquezas. Lá atrás, como fruto desse processo, também tivemos um forte declínio populacional, o que deve se repetir.

Nós, povos originários, continuamos a resistir às invasões, segurando a mão dos espíritos ancestrais. Lutamos em defesa de nossos territórios, que foram e continuam sendo invadidos. Mas e o nosso território-espírito? De que forma o estamos protegendo das violências do invasor? Não podemos deixar o invasor nos aniquilar a cultura nem a alma, território do saber. Portanto, a preservação do nosso sagrado é mesmo necessária à perpetuação e à sobrevivência de cada indivíduo indígena, bem como de nossas sociedades.

Para tanto, precisamos buscar estratégias de como levar ao não indígena informação, nossa educação, nossa arte e sabedoria. Levá-lo a nos ajudar a persuadir o invasor de mente gananciosa e fria de sentimentos pela coletividade a passar a defender a vida de todos debaixo do manto verde que, mesmo agredido, ainda nos protege, nossa Amazônia.

Também para este capítulo selecionei alguns poemas que poderão contribuir para as leitoras e leitores se aproximem das reflexões aqui apresentadas, agora, por meio da poesia.

KÃWERA[28]

Morada eterna
Do sono infinito
Da vida o finito
Eternidade ancestral
Repouso que marca
O encontro final.

---

aldeias, o que se observa é a substituição de um chá de folhas ou de cascas de árvores por remédios industrializados da farmácia.

Caminho dos espíritos
Ossos de gente
Pachamama mãe terra
Fez-se em pó para acolher
Os filhos que dela
O amor fez nascer.

Eu desço às profundezas
Oh, morada sagrada
Onde a pele encarnada
Desbotada ficará
O meu jenipapo
Na cara marcada
Tuiuka um dia em flor tornará.

Aprendo contigo
Oh morte sagrada
Que és a passagem
Portal a levar
Ao reino dos espíritos
May sangara me diz
Onde eu posso
Nesse dia te esperar.

Me deito agora
Não me acordes, por favor
A luz para mim se apaga.

Revivo meus dias
A infância feliz
O bem que na vida
Plantei ao teu lado.

Agora de teus olhos uma lágrima cai
Peço que com ela regue minha flor
Ela representa o nosso eterno amor.

PLANTAS MEDICINAIS

Em tempos imemoriais
Quando a medicina na aldeia não havia
O pajé com seu canto
A cura a todos trazia
Chocalhava, fervia ervas
Era o senhor das magias.

Na aldeia para tosse sarar
Vassourinha com açúcar era só queimar
Preparava o xarope que a criança ia tomar.

A andiroba muito usada
Consumida para cicatrizar
Enfermidades, inflamações
Saberes que a floresta sabe ensinar.

Para prisão de urina
Quebra-pedra no quintal é fácil de achar
O chá bem quentinho a saúde faz voltar.

A aldeia ensinou a cidade
A fórmula para tirar a dor
Mas tristeza foi o que restou
Por roubarem o conhecimento
E devolverem em pastilhas o saber
Que um dia a aldeia plantou!

GRAFISMO

Desenho grafado
Veste memorial
Não é tatuagem essa arte ancestral
Carrega a energia de kanata ayetu
É força, magia, deixa a pele katu.
Para dançar o ritual, já chegou tayassu.

Do jenipapo o sumo final
Que pinta corpos
Representa união
Identidade, sabedoria.

Chama o espírito da onça
Carrega o clã da nação
Nos faz pertencentes à natureza
Nos dá mais beleza, fortalece a missão.

Registra o tempo
É nossa escrita — linguagem
Aguça a visão do pajé
Grafismo de evocação
Traz o espírito da cobra
Saber, metamorfose, alucinação.
Espanta arabé e enaltece kaaeté.

Não se pinta por pintar
O grafismo traz a força das águas
Cosmologia do lugar
Grafismo vem da morada sagrada
O corpo é a tela
Que o urucum e o jenipapo
Num mistério vão grafar
Informações importantes
Para a nação interpretar e guardar.

Consciência é respeito
O grafismo merece cuidado
Escrita do velho e novo tempo
É a voz do antepassado.

ESPÍRITO DA ONÇA

No mundo espiritual
A onça deixa resplandecer
Sua forma sobrenatural
No mundo dos espíritos
Deixa a forma animal
Transmutação!
Aparece bela como guerreira imortal.

Linda em sua essência
O olhar não esconde sua força feroz
Olhos espichados
Olhos encantados
Olhos de faróis.

Protetora, mulher
Pôs medo nos espanhóis
Nessa transmutação
Só o pajé reconhece seu espírito.

Canto e dança para cura do pajé
Rodopia curaca, lá vem o sacaca
Deixa o espírito falar
Numa dança arqueada, pula num pé só
Chegou a onça, o espírito da mekó.

Yawaretê ou mekó
A onça anda só
Pela mata ao luar
Faz-se em sonho conhecer
Para o moço hipnotizar
E o pajé? É cultura milenar.

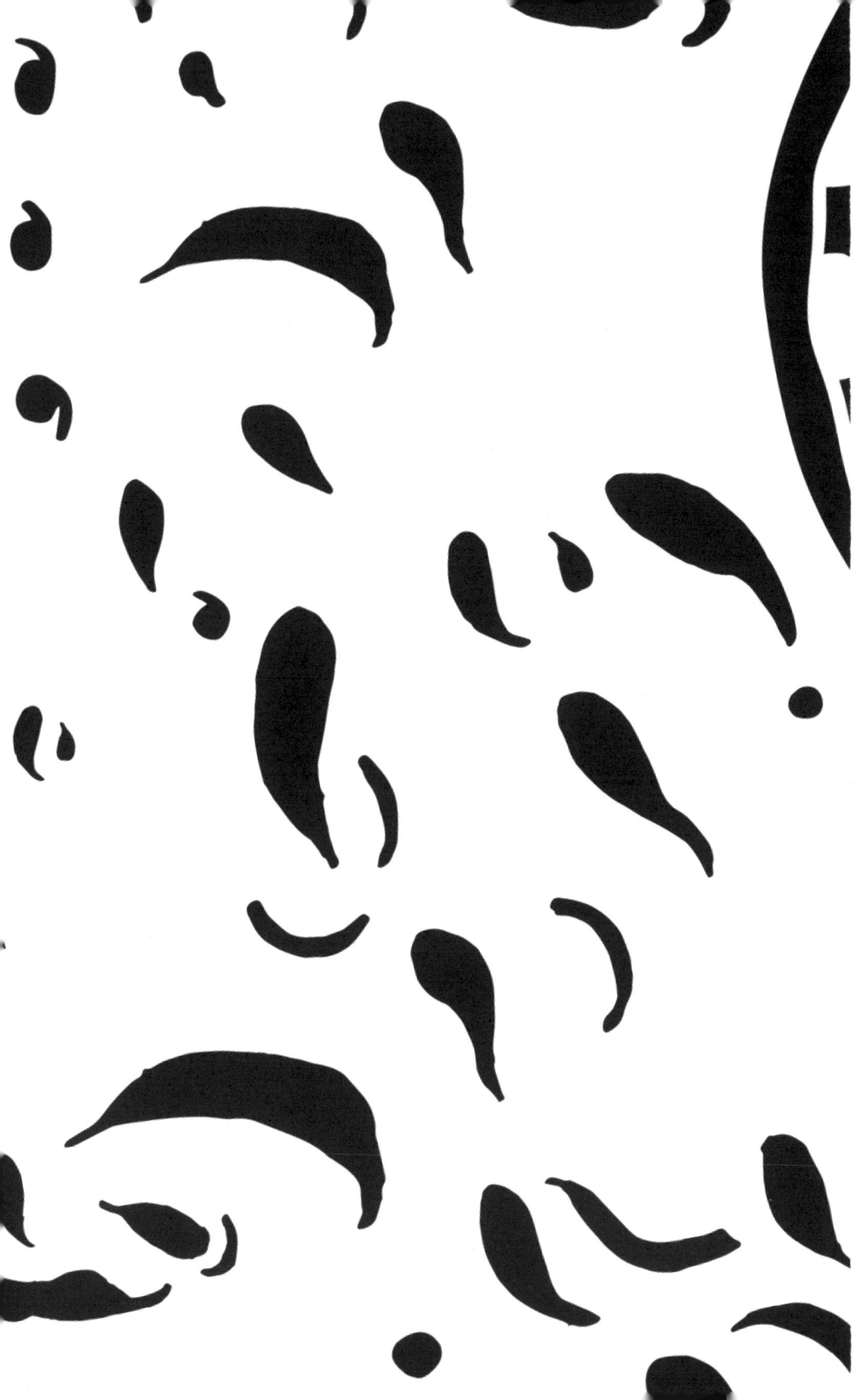

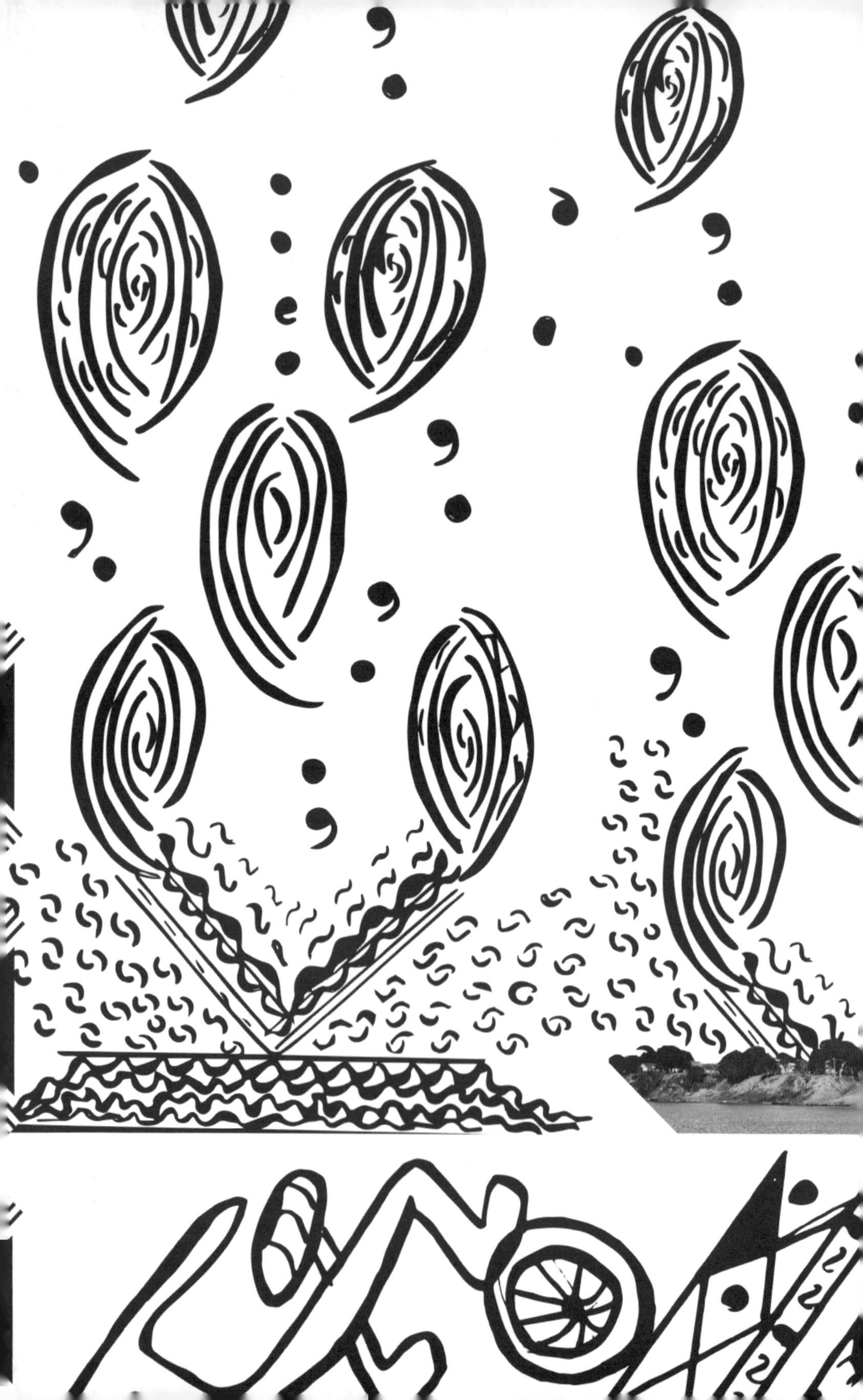

A FORÇA DOS MARACÁS: MÚSICA É ENSINO, CULTURA, IDENTIDADE

MÚSICA INDÍGENA

O canto é sintonia
Encontro espiritual
Música que vem dos sonhos
Prenúncio de vendaval.

Canto que cura a alma
Canto que faz dormir
Música que a dor acalma
Educação faz florir.

Canto da sábia anciã
Sentada na beira do rio
Sem música a aldeia não trabalha
O canto é cobertor para o frio.

Música é espaço de luta
De força e cosmovisão
A natureza é orquestra afinada
O tambor traz a voz do trovão.

O maracá acorda a floresta
Carrega mundos
Seres vai acordar
Sagrada é a música que promove
Um mundo de amor e paz.

Começo este ensaio sobre a música dos povos originários com algumas informações sobre as línguas indígenas, espaço de luta constante dos povos originários. Ao final dessa primeira etapa de reflexões, o(a) leitor(a) entenderá a relação entre língua, música e identidade que norteia este texto.

Segundo Aryon Dall'Igna Rodrigues[29], que foi um dos primeiros pesquisadores de línguas indígenas no Brasil, antes da colonização havia cerca de 1.300 dessas línguas no atual território brasileiro. Depois, elas sofreram um grande declínio. Muitas desapareceram com seus usuários

---

[29] Rodrigues, Aryon Dall'Igna. Línguas indígenas: 500 anos de descobertas e perdas. **Delta**, São Paulo, v. 9, n. 1, p. 83-103, 1993.

já no século 16, sem deixar qualquer documentação, enquanto outras foram substituídas pelas línguas gerais[30].

Em meados do século 18, com a proibição do uso e do ensino da língua das nações indígenas instituída pelo Diretório dos Índios[31], aquelas ainda faladas à época entraram em agudo estágio de anomia, restando delas hoje apenas algo entre 180 e 270, todas gravemente ameaçadas de extinção:

> Segundo a UNESCO, para não estar em risco de extinção, uma língua deve possuir pelo menos 2 milhões de falantes. Ora, ainda que toda a população indígena brasileira (896.917 pessoas) falasse uma só língua indígena, ela estaria em risco de extinção!![32]

Como os povos originários conseguiram evitar a completa extinção dessas línguas? Conforme o relato de nossos mais velhos, caso algum indígena fosse pego falando uma delas, era espancado, e muitos não resistiam a essa brutal violência. Ora, segundo esses relatos, eles ensinavam seus filhos na calada da noite, baixinho, ao pé do ouvido, para seus senhores ou algozes não ouvirem.

Esse expediente sempre foi usado, principalmente durante a vigência do Diretório, mas mesmo após a Independência e durante a

---

[30] Termo indicativo de uma língua com larga difusão dentro de um território, inclusive usada para a comunicação de falantes de línguas distintas. Era esse o caso do Tupi-antigo ou Tupinambá no início do século 16, falado em muitas variações ao longo de nossa costa, da Ilha de Marajó (PA) à Baía de Cananeia (SP). Por causa disso, foi usado pelos colonizadores para a conquista da terra e, em especial, pelos jesuítas, para a catequese. No século 17, do Tupi-antigo surgiram duas línguas gerais: a Língua Geral do Sul (LGS), falada até o início do século 19; e a Língua Geral Amazônica (LGA), ainda falada na região, conhecida como Tupi-moderno ou Nheengatu. (Cf. Ramos, 2018)

[31] Com a morte do governador-geral Mem de Sá, em 1572, Portugal dividiu seu território colonial americano em dois: o Estado do Grão-Pará e Maranhão, ao Norte (que compreendia o atual Maranhão e toda a região amazônica, menos o Tocantins), e o Estado do Brasil (do Piauí para baixo). Em 1757, o primeiro-ministro português, Marquês de Pombal (1699-1782), criou o primeiro órgão de política indigenista para a colônia nortista: o Diretório dos Índios. A lei que o instituiu determinava, entre outros pontos, que aldeias com mais de cinquenta casas ganhariam o *status* de vila, administradas por um diretor, o que retirava a tutela dos índios das mãos dos jesuítas. Em represália aos protestos dos jesuítas, em 1758 Pombal estendeu a lei para o Estado do Brasil e, no ano seguinte, expulsou-os de Portugal. (Cf. Ramos, 2018)

[32] RAMOS, Ricardo Tupiniquim. **Línguas e cultura indígenas**. Caetité: UNEB/DCH – Campus VI, 2018, p.9, nota 4.

República, visto que as políticas indigenistas da época procuravam integrar as populações indígenas à sociedade nacional brasileira — e hoje, em 2020, as políticas indigenistas seguem esse mesmo esforço, um flagrante retrocesso.

Naquele contexto, integração era sinônimo de aculturação, cuja principal estratégia era fazer o indivíduo abandonar e não mais transmitir sua língua nativa. Logo, podemos dizer que a sobrevivência dessas línguas representa uma das páginas mais heroicas da resistência cultural indígena em 520 anos de contato de nossas sociedades com a ocidental. Por isso, nas aldeias dos povos ainda falantes de suas próprias línguas, a música nelas cantada fortalece o orgulho de ser nação, reafirma a identidade.

Pelo canto, dá-se o trânsito de saberes consolidados na vivência dos povos, na cultura de resistência, ligação transcendente com as forças da natureza. O território da música indígena é vasto. Por ele, contam-se histórias de momentos difíceis e alegres.

Em muitos casos, a música funciona como um encontro com a cultura quando já se deixou de senti-la. Existe canto para chamar o espírito da cobra e abrir um novo tempo de reflexões, canto para chamar o curupira e ouvir dele conselhos de como conduzir os passos do povo, num território onde a cosmologia precisa ser respeitada.

A música indígena demarca territórios educacionais, políticos, sociais, sagrados, relacionando várias formas de se perceber a luta.

Assim, por exemplo, anualmente, o Acampamento Terra Livre reúne vários povos originários em Brasília para refletir e reivindicar seus direitos ao longo de uma semana. Mostrarem-se engajados na luta pelo que lhes restou de território para viver é um ato político. Nesse espaço de luta, cada povo apresenta sua dança, vindo o canto a fortalecer e falar de suas formas de organização e estratégias de resistência em torno da mesma palavra de ordem: "Demarcação já!". Hoje, demarcar territórios indígenas é garantir-lhes o direito à vida.

O canto indígena tem uma peculiaridade composicional para além da junção de letra e melodia, pois envolve a dança com passos firmados, corpo arqueado e a imitação de animais; a pintura corporal e os adornos (plumagens e sementes, com suas cores e texturas). Todos esses elementos passam a integrar a música, caracterizando a alegria da festa ou a importância daquele momento de celebração.

Como se vê, em sua música, os povos originários trabalham a memória coletiva ou individual; por isso, seu valor é imaterial.

Com os Wai Wai é assim: se vão pescar ou caçar, sempre em grupo, os homens cantam e dançam, pedindo bênçãos aos espíritos da floresta. Quando voltam, as mulheres recebem os homens com cantos, danças e bebidas preparadas pela aldeia. Todos dançam e cantam por horas, celebrando o alimento adquirido para toda a aldeia. Se a expedição fracassa e eles nada conseguem, cantam essa panema que o grupo sofreu, e quem ouve dá risadas.

Já entre os Omágua/Kambeba, quando da menarca, a menina passava por um ritual com vários dias de duração, encerrado com canto e dança:

> Nas meninas donzelas, ao começarem as regras, penduravam-nas numa rede dentro de um toldo junto à cumeeira da casa e ficavam ali, penduradas, durante oito e às vezes mais dias, dando-lhes comida para seu sustento, ao cabo de um mês as desciam, levavam ao rio e as lavavam dos pés à cabeça, depois eram pintadas até a metade do corpo e enfeitavam-nas com plumagens, as levavam em andores de volta às suas casas, com grande acompanhamento de danças e músicas.[33] (FRITZ, apud PORRO, 1992).

Para os povos originários, essas formas de trazer a música para os rituais e apresentá-la à sociedade são instrumentos de ensino-aprendizagem. O canto faz bem à alma e ao coração e é sempre entoado, independentemente do estado de espírito e das circunstâncias: se estamos tristes, cantamos; se em conflito, em defesa de nossos direitos, cantamos; se celebramos uma vitória, cantamos para agradecer.

Lembro-me de um fato ocorrido numa aldeia Assurini, no Pará. O cacique Puraquê e seu filho foram presos e ficaram um mês e meio longe de seu povo. Ao saírem da prisão, a aldeia celebrou com cantos acompanhados de diferentes danças. Eu e um grupo de indígenas residentes na cidade e de não indígenas simpatizantes de nossas causas e

---

[33] Fritz citado em Porro, Antônio. **O povo das águas:** ensaios de etno-história amazônica. Petrópolis, RJ; São Paulo: Vozes; Edusp, 1996.

culturas fomos convidados para a celebração, porque acompanhamos a aldeia na luta por essa soltura.

Quando um membro da aldeia morre, alguns povos, como os Gavião, também do Pará, entoam um choro cantado pela última vez. Outros povos cantam lamentos, ou agradecimentos pela grande valia da passagem do(a) falecido(a) pela terra. O pajé canta usando o maracá para ajudar o espírito a encontrar seu caminho: todos os povos originários têm em comum a crença de um lugar onde vivem os espíritos dos guerreiros.

MÚSICA NA SALA DE AULA

"Quem canta seus males espanta" é dito popular repetido por muita gente. Eu o ouvia de minha mãe-avó Assunta, uma mulher que gostava de cantar e fazer suas composições — algumas em língua tupi — para usar em aula com os alunos ou em datas comemorativas. Recordando essa época, ela nos contava que, ao entrar na sala de aula, seus alunos Tikuna a acolhiam com canto, gostando muito de cantar, em português:

> Bom dia, bom dia, bom dia
> Hoje estou tão feliz.
> Bom dia, bom dia, bom dia
> Meu coração é quem diz.

Buscando minha história, ouvi de tia Valterlina que a mãe de minha bisavó Delma (mãe de Assunta), era compositora e construía instrumentos musicais, como tambor. Está nela, então, a origem da linhagem musical feminina das mulheres da família, que passa por minha avó e chega até mim.

No cotidiano da sala de aula, independentemente de trabalhar ou não um projeto de inserção musical, o(a) professor(a) precisa, a exemplo dos povos indígenas, pôr em seu plano canções com letras que reflitam fatos importantes da vida.

Criar um repertório variado é uma das alternativas para se trabalhar em rodas, ao ar livre ou na sala de aula, aguçando sempre a curiosidade própria da idade do(a)s alunos(as) das séries iniciais.

Além disso, deixá-los(as) tocar, sentir ou se arriscar a fazer um instrumento musical contribui para aprimorar a criatividade.

Como educadores(as), não podemos negligenciar que, desde pequenos, já passem a ter contato com a música. O ideal mesmo era que esse contato começasse já em casa, desde o nascimento. Dessa forma, a criança criaria para si um repertório que iria desenvolvendo ao logo da vida e, ao chegar à escola, já saberia afirmar seu estilo musical, permitindo que o(a) professor(a) trabalhasse seu conhecimento empírico bem como o do restante da turma.

Na aldeia, as músicas cantadas no cotidiano e nos rituais são percebidas e sentidas como "música-alma": trazem os valores socioculturais ensinados pelos sábios anciões. Os instrumentos usados (chocalhos, maracás, tambores) são ensinados às crianças numa aula sobre "notório saber".

Na escola da aldeia Tururucariuka, dos Omágua/Kambeba, presenciei uma aula a que as crianças iam só para cantar, acompanhadas pelos professores. Cantavam canções infantis, como "Meu pintinho amarelinho", traduzidas em língua nativa, além de canções do próprio povo. Não havia hora para terminar e, caso esquecessem da letra, recomeçavam até o grupo memorizar. Esse treino não era para decorar o canto, mas uma estratégia de fixação da língua nativa.

Música e poesia podem ser usadas em qualquer disciplina, desde que saiba o professor a canção e a poesia a inserir em seu plano de aula. Uma aula que começa com alegria caminha para terminar com alegria. O sorriso e o bom humor são estimulantes para um bom desempenho dos alunos porque causam empatia.

Assim, se a aula vai começar, cante; se a turma está estressada ou cansada, cante mais. Cantar com os alunos nunca é perda de tempo.

A MÚSICA INDÍGENA HOJE

MEU CANTO

>Canto porque existo
>canto por nosso chão
>canto de benzedeira
>canto de geração
>canto de lavadeira
>canto de devoção
>canto para não ver
>a aldeia virar sertão.

A música brasileira é riquíssima, carregando em sua diversidade heranças de musicalidades negras, indígenas[34] e ibéricas a que, com o tempo, foram-se agregando outras contribuições. A despeito disso, não há lugar para o indígena na música brasileira, pois ela se limita às expressões eruditas e elitizadas ou populares ocidentais.

No Brasil, apesar da invisibilidade, existe uma música indígena, sobre a qual cabe fazer alguns questionamentos. O primeiro deles trata da concepção dos povos originários sobre música (e dança). Para Camêu[35], o mais importante seria investigar por que o indígena faz música e como a compreende. Contudo, muito do conhecimento sistematizado sobre esse tema até agora não resulta da contribuição do próprio indígena, mas do trabalho de pesquisadores não indígenas. As linhas que se seguem são uma tentativa de alterar um pouco esse cenário.

Inicialmente, é preciso ver o canto indígena como um todo: cantamos para nosso corpo abraçar a perfeição. No contexto ritualístico, percebemos a música não como elemento artístico-midiático, mas como elemento sociocultural, ao mesmo tempo simbólico, identitário e de trabalho. Cantamos e dançamos, mas não queremos ser vistos como entretenimento exótico ou apresentação folclórica.

---

34 Há registros preciosos disso, por exemplo, em pesquisas feitas por Villa-Lobos.
35 Camêu, Helza. **Introdução ao estudo da música indígena brasileira**. Brasília: Conselho Federal de Cultura, 1977.

Para Montardo[36], "as canções são um caminho, nomeiam os lugares e articulam a cartografia da floresta ao movimento dos seus habitantes, além de estarem ligadas ao mundo espiritual dos pássaros". Wakay[37] afirma que: "Os cânticos indígenas são puramente sonoridades que vêm da alma, da natureza: produzimos 'som' que buscamos dos sapos, das árvores, da água, do vento, da folha etc.".

Uma segunda questão se refere à natureza da música indígena, que não se encaixa nos moldes eurocêntricos, não atendendo, portanto, à expectativa estética do não indígena. Muitos a perceberem como dissonante, porque seus ouvidos foram educados para um tipo de som ausente na música indígena.

Contudo, o que para uns parece um ruído estranho, para o indígena é apenas um som. Para estudantes e profissionais de música, o microtom é um erro de afinação, mas o indígena o vê como parte fundamental de sua música. Logo, é preciso se abrir ao novo e, por um instante, se despir de conceitos prévios para entender o cantar/tocar do outro.

Um terceiro questionamento é sobre os repertórios e estilos de nosso fazer musical. Ora, a vasta produção musical indígena atual ocorre dentro de duas linhas de composição: a "música raiz", ligada a rituais e à vida cotidiana de cada povo, e as canções de protesto, entoada contra as dificuldades e o preconceito sofrido pelos indígenas residentes fora de seus territórios.

Em 2019, convidada para participar do 1º Festival de Música Indígena Yby, em São Paulo, percebi uma vasta produção musical utilizando os variados estilos — *rap*, rock, carimbó e até MPB — com mensagens de resistência e protesto. Do canto com nada além de maracá e tambor ao canto com violino, teclado, bateria e guitarra elétrica. São as transformações pelas quais passa nossa música para que a cidade nos escute. Como compositora, faço essas variações, compondo canções em língua Omágua/Kambeba com melodias tradicionais, bem como canções de resistência e protesto ou acerca da cosmologia, a partir de estilos como, por exemplo, o carimbó. Se

---

36 Montardo, Deise Lucy Oliveira. A música como caminho no repertório do xamanismo guarani. **Anthropológicas**, Recife, ano 17, n. 1, p. 115-134, 2006.

37 Wakay, Cícero. **Musicalidade indígena**. 2014. Entrevista concedida por telefone a Márcia Waina Kambeba. 20 min.

me perguntam se faço música popular brasileira, respondo que sim: considero minha música MPB.

Por fim, a música indígena é de resistência, está no corpo, que carrega a responsabilidade de ser canção, produzindo sons de lamento, dor ou alegria, imitando a voz dos animais integrados a uma floresta rica e exuberante, mas ameaçada e violentada. Os povos indígenas fazem uma música orgânica, de denúncia, de alerta, que orienta e mobiliza movimentos[38].

A música indígena é decolonial: adentra os espaços de conflitos e tem a capacidade de amenizá-los, aquietando os ânimos, acalmando os corações. Falamos de um canto de resistência, palavra que, para nós, significa uma responsabilidade árdua, mas necessária, de decolonizar com arte. Para isso, nos apropriamos da música da cidade, transformando-a em nossa, com canções em língua indígena ou em português brasileiro, impregnadas de protesto.

Nesse sentido, cabe ainda perguntar se as relações com a cidade contribuem para a escolha e a formação desse repertório. Observando nossa própria experiência, podemos afirmar que a identidade não se desfaz com a mudança de lugar: carregamos nossas referências e as usamos na construção da musicalidade indígena na aldeia ou na cidade. Assim, a música indígena produzida no contexto urbano não perde suas conexões com a aldeia, porque, quando feita, ativamos um conjunto de sinais e energias, e a criatividade é orientada pela espiritualidade, envolvendo elementos da natureza. Então, as identidades demarcam e legitimam as canções produzidas.

O MARACÁ

Nas composições musicais mais tradicionais, nós, indígenas, utilizamos o tambor, o chocalho e diversos tipos de flauta. Segundo Wakay[39]: "As flautas, elas surgem do momento de expressão do silêncio.

---

38 PARA SABER MAIS:
Gean Ramos: https://www.youtube.com/c/GeanRamosGean
Katu Mirin: https://www.youtube.com/c/KATÚmirim
Grupo Mawaca: https://www.youtube.com/user/mawaca
Marlui Miranda: https://youtu.be/-kzs-LHDP2Y

39 Wakay, Cícero. **Musicalidade indígena.** 2014. Entrevista concedida por telefone a Márcia Waina Kambeba. 20 min.

Quando não queriam cantar, tocavam flautas. Agora, os indígenas interagem com outros instrumentos, até eruditos". Cada instrumento — inclusive o atabaque importado das culturas afro-brasileiras — tem seu valor próprio na composição de uma canção indígena. Todavia, de todos eles, o maracá é o mais usado, pois a força que dele emana revigora a alma e pode ser sentida no corpo.

Para confeccionar o maracá, utiliza-se a cuia, a cabaça ou o coco. Além disso, cada povo busca formas de construir o maracá: alguns o revestem com talas de arumã, outros desenham grafismos identitários e há quem o adorne com penas. Há sempre algo peculiar que identifica cada nação.

Desde tempos remotos, o maracá é respeitado e usado não só como instrumento percussivo, mas também como instrumento de sintonia espiritual, de cura, de conexão profunda com o transcendente, contribuindo com a evocação dos espíritos, que falam através do maracá.

Na concepção dos Omágua/Kambeba, compartilhada com outros povos, ao sacudir o maracá três vezes, abre-se um portal energético para o mundo dos espíritos. Por isso, numa roda de cantoria, quem está com maracás nas mãos pode entrar num transe. Há, portanto, uma força mística em torno do objeto; sua energia é viva e simbólica, e ele possui espírito, não podendo, assim, ser manuseado de qualquer jeito, porque movimenta mundos além do físico.

Entre os Tembé paraenses, existe a Festa da Menina-moça, ritual com roda de cantos e danças. Num dado momento, entoa-se um canto específico para chamar as caruaras, que tomam os corpos das mulheres. Então, o pajé utiliza o maracá para promover a cura espiritual, afugentando delas esses espíritos. Em uma ocasião, quando dava aulas numa aldeia Tembé, sugeri à turma que cantássemos, usando maracá. Um ancião disse que não poderíamos fazê-lo, porque na aldeia vizinha ocorria essa festa; tocar maracá naquele momento poderia chamar as caruaras e não haveria pajé entre eles para tirá-las das pessoas. Como respeitar o sagrado é entender o tempo circular do ciclo da vida, seguindo orientações dos que vivem no lugar, desisti da ideia.

Em alguns povos, como os Tembé, as mulheres não utilizam o maracá. Com alguns dias naquela aldeia, percebi que as alunas não tocavam maracá nas rodas de cantoria e rituais, nem batiam os pés no chão: apenas caminhavam e faziam o contracanto para eles, com uma afinação impecável, as mãos apoiadas em seus ombros. Não associei o fato a machismo, mas à cultura peculiar dos Tembé, que deve ser compreendida e respeitada.

O maracá é companheiro numa produção musical ao longo de gerações e continua presente, hoje, nas lutas e resistência, marcando o ritmo da música e do tempo. Embora em constantes transformações, o corpo musical indígena, seu tempo circular, obedece ao som dos maracás e permanece firme.

AO SOM DO TAMBOR...

O uso do tambor não vem de agora, mas é tão ancestral quanto a existência dos povos indígenas, por isso tem uma importância ímpar nessas culturas, sendo usado nos rituais de cura física e espiritual, nas danças de agradecimento, na preparação para festividades, na colheita etc., conforme a cultura e a cosmovisão de cada povo.

Os tambores são feitos de madeira, tronco de árvores escavado, de tábua, de bambu, feitos e moldados a fogo, com pele de animal imolado, cuja carne alimentou a aldeia e cujos ossos viraram flautas ou adornos. Por isso, seu som remete ao grito do animal e à voz da floresta. Entre outros, destacam-se hoje os seguintes povos no uso do tambor em sua ritualidade e musicalidade: os Tikuna, os Tembé, os Kokama, os Kariri, os Macuxi, os Tupinambá, os Guarani, os Fulniô, os Parakanã e os Kambeba:

> Na cultura do povo Kambeba o tambor ou tamborinho, como é chamado, é feito de couro de jacaré ou de pirarucu. Para confecção, o povo Kambeba esticava com pau a pele de jacaré e usava madeira molongó ou outra madeira leve para fazer a caixa, ocavam a madeira. Faziam uma roda de pau e pregavam a pele de jacaré e/ou pirarucu[40].

Entre os indígenas, os primeiros a usar o tambor foram os Tupinambá: "O tambor era conhecido pelos Tupinambá antes da

---

[40] Wakay, Cícero. **Musicalidade indígena**. 2014. Entrevista concedida por telefone a Márcia Wayna Kambeba. 20 min.

chegada dos europeus"[41]. Considerados grandes músicos, eles tangiam o tambor sem dobrar as pancadas, que são a marcação dos tempos ou compassos. Foram também os primeiros a usar trombetas e buzinas para fazer música.

Em sua essência, o tambor é usado para a troca de mensagens espirituais, criando um contato direto com os mortos. Ao ouvir o som do tambor, os espíritos dos guerreiros tomam os tocadores, tornando-os ainda mais fortes e sábios. Contudo, como sua percussão pode tirar o indivíduo de sua consciência, entre alguns povos, após o contato com não indígenas, o tambor foi excluído de muitos rituais. De todo modo, naqueles que o preservaram, é uma forma de comunicação, oralmente transmitida aos mais novos.

O toque do tambor retrata uma profunda relação dos povos originários com a Mãe Terra, de onde surge a vida e vem o sustento do homem e para a qual todos voltarão. O toque do tambor nos faz entrar nessa sintonia onde o coração do homem se conecta ao da Terra. Assim, o paralelismo entre a energia das mãos que tocam o tambor e a batida dos pés sobre a Mãe Terra evoca a força da ancestralidade dos povos originários.

Ao som de tambores e flautas, a Mãe Terra vem nos contar de seus cuidados para com o homem que, em má retribuição, lhe agride e fere a alma; por isso, ela também nos conta de suas dores. Em seu colo, muitos povos caíram mortos por arma de fogo, uma vez que essas armas superaram a flecha que não mais fere. É no canto, ao som de tambores, que os povos originários tecem sua história, mantendo sua ancestralidade, sem deixar de conviver com a modernidade da cidade, respeitando e coexistindo com a diversidade cultural.

E seguem os povos a trilha sonora dos igapós, sendo onda que se agita forte, igarapés, raízes de sapopemas que, fecundas no solo fértil, ecoam alto e em bom som a canção de amor a Tupana. Na educação de cada dia, o canto é fortalecimento e agradecimento à vida, dádiva do amor; é paz e, por isso, talvez cause emoção a quem o escuta.

Ouça o som dos maracás nos poemas das próximas páginas.

---

[41] Guzmán, Décio de Alencar. **Guerras na Amazônia do século 17:** resistência indígena à colonização. Belém: Estudos Amazônicos, 2012.

MARACÁ

O maracá é sagrado, sua origem é ancestral
O pajé com seu canto afugenta todo mal
Maracás estrondam na aldeia para curar
É a força das cuias não se pode duvidar.

Chocalha pajé, espanta arabé
Maracás anunciam: o curaca vai dançar
Anawê! A aldeia vai cantar!

Ao som dos maracás, os espíritos vêm saudar
Vestido de penas, o pajé vai invocar
A força do gavião, misticismo a reinar.

Voa pajé, renasce payé,
Rodopia aguçando a visão
Dança com o maracá da união
O saber que vem dos espíritos.

Da cuia o som vai brotar
Anunciando os guerreiros Tupinambá
Em seu canto invocavam o povo Maracá
Dizimados um dia, como espíritos vão falar:

Sany! Cumyssa aua Maracá,
Tana may sangara sany indá supy sapukatara!
Hei pajé! iawaxima aua supy curata caiçuma.[42]

---

[42] Vem! Fala, povo Maracá / Nossa alma sagrada vem cantar para alegrar! / Ei, Pajé! Chama o povo para beber caiçuma.

A VOZ DA TERRA

A força que faz viver
Alimenta a planta
Faz a terra se mover.

Na fartura alegria
Na privação lamentação
O que faz minguar a planta
É descuido, poluição.

Para se defender da agressão
Reunido com os encantados
O pajé foi convidado
Para esse encontro ancestral.

Com o maracá faz a dança
Esse ser divinal
Sany Tururucari
Sany Maíra, sany tuiuka.[43]

Um estrondo se anuncia
Ela aparece na ventania
Acompanhada dos animais
E num grito diz:

Está decretado a partir de hoje
Desmatamento e poluição
Não teremos mais!

Não carregarei teu peso
Teu odor e teu descaso
Quero respeito e dignidade
Dos racionais habitantes da cidade.

---

43 Vem, Tururucari / Vem, Maíra, vem, tuiuka.

VOZES ANCESTRAIS

Num dia de chuva ouvi
Da terra brotar a canção
Na força da voz senti
O lamento de preservação.

Anawê, may sangara, muracy
Salve os ancestrais que há em mim
Anawê, anawê, anawê.

Na mata fechada eu vi
Curupira fumar tawari,
Na mão do caboco o tambor
Vozes "negríndias" lamento de dor.

Na força da maraca senti
O universo se abrir em louvor
Um grito forte ouvi
Dos guerreiros que a maldade levou.

Grito de Mário Juruna
Grito de Nelson Mandela
Grito de Galdino Pataxó
Grito de Martin Luther King.

Grito de Vitor Kaingang
Grito de Tururucari
Grito de Firmino Silvino Guajajara
Grito de Xicão Xukuru.

Grito de Humberto Peixoto Tuyuka
Grito de Paulo Paulino Guajajara
Grito do Cacique Carlos Alberto Mackpak
Grito do Cacique Willames Machado.

Grito do Cacique Francisco Pereira
Grito de Raimundo Guajajara
Grito de Emyra Waiãpi
Grito de Nhanderu
Gritem! Vozes ancestrais
Anawê! Anawê!

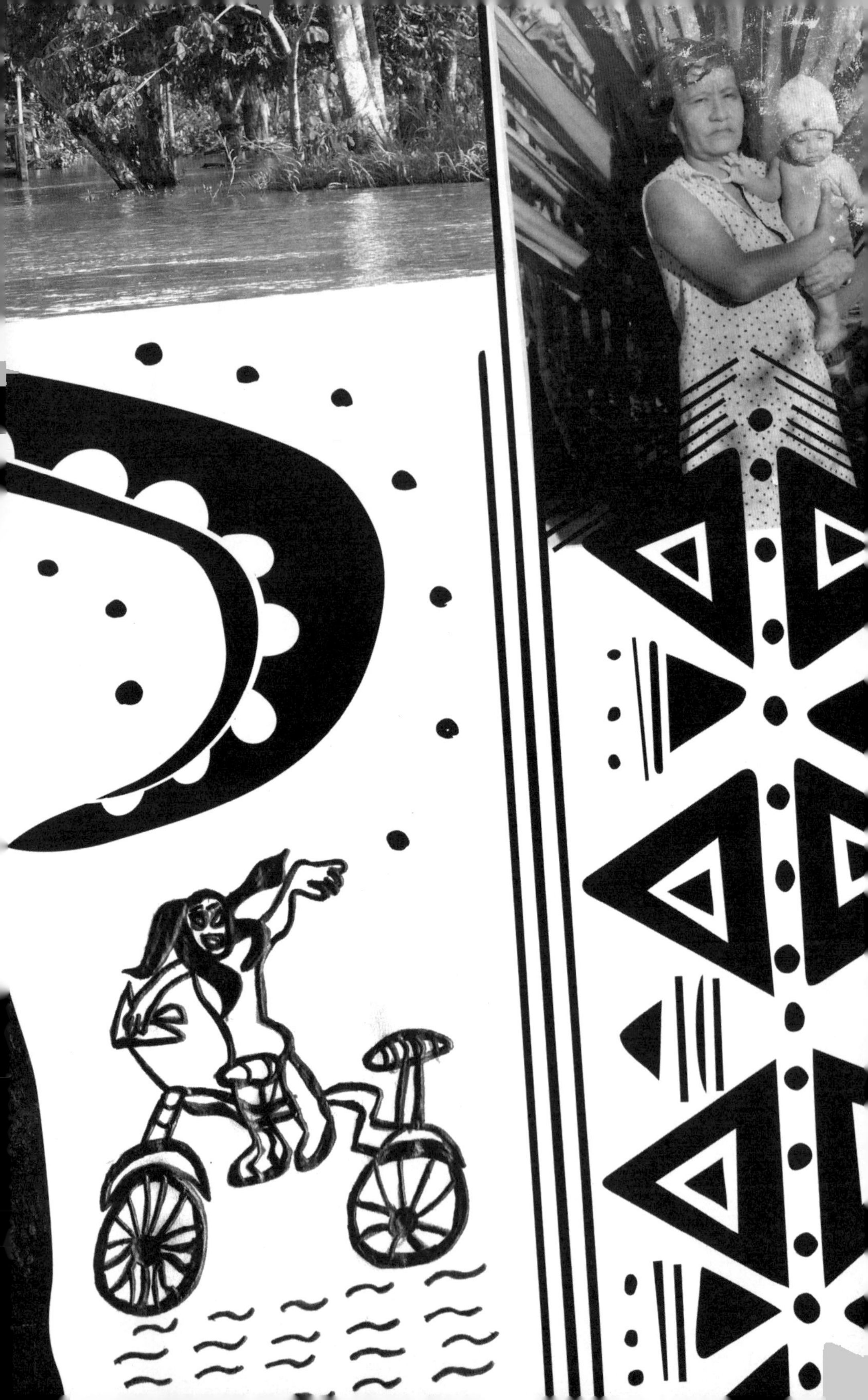

O VALOR DA BICICLETA

> *"Se passar de ano com boas notas, te dou uma bicicleta."*
> *"A educação é uma herança que ninguém rouba de você."*
> *"Se case primeiro com seu estudo, menina! Ele irá garantir teu futuro e teu sustento até sua velhice."*
> *"A única fortuna que te deixo é o tempo do teu saber".*

Como epígrafe, uso frases ditas a mim por minha avó-mãe Assunta, indígena Kambeba que viveu aproximadamente quarenta anos entre os Tikuna, na aldeia Belém do Solimões, onde nasci. Ouvia essas frases como mantras quase todo dia. Foram sábias lições que nortearam meu caminho e ainda continuam ecoando no pensamento. Minha avó foi professora na aldeia num tempo em que a Funai fazia seus primeiros contatos e montava sua base por lá. Sua presença na aldeia data do ano de 1973. Minha mãe, Maria do Socorro, grávida, foi para a aldeia morar com minha avó até eu nascer. Tive a honra de nascer e conviver com sábios mestres nessa aldeia, os anciões Tikuna.

Deixei a aldeia ainda menina, aos nove anos. Apesar de minha mãe/avó Assunta ter sido professora, não estudei em Belém do Solimões. Foi quando saímos para São Paulo de Olivença, município mais próximo, onde estavam nossos familiares, que iniciei os estudos. A Escola Monsenhor Evangelista de Cefalônia era tida como escola de "pobres", pessoas humildes. Mas ali tinha uma diretora de alta sabedoria e amor chamada Sueli Maria; poeta, compositora, tocava violão, tinha amor pelo que fazia e fazia com amor.

Nessa "escola de pobres", tia Sueli, como carinhosamente era chamada por alunos e pais, nos apresentou o teatro, a poesia, a música. Lembro-me da peça *Duque Duque*, que tratava da história de um passarinho que não sabia voar por ter insegurança, e a gaivota, personagem que eu fazia, ensinava a ele, que enfim voou. Lembro-me das falas até hoje porque decorei todo o texto, até a parte do narrador. Sempre gostei de aprender tudo certinho e dar o melhor nos estudos porque era algo novo para mim ou porque tinha vontade de aprender.

Na aldeia, somos ensinados a ouvir muito e a só falar quando necessário, para poder aprender melhor.

Existia respeito, carinho e amor envolvido por nossos professores. Tia Sueli ia todo dia de sala em sala com seu violão nos dar bom-dia com canto. Não havia evasão escolar porque estudar era prazeroso. Ao ensaiar uma poesia, aprendíamos a postura e a forma de declamar ou fazer um discurso; isso trabalhava a vergonha, melhorava a postura de falar em público, a entonação e volume da voz; ensinavam não só disciplinas, mas trabalhavam o artista do amanhã. Anualmente, havia concurso de poesia e música e, no fim do ano, a premiação para os alunos mais destacados nas notas e atividades culturais.

Quando digo que a arte educa, refiro-me a esse momento de minha infância e ao ensino fundamental, porque na Escola Monsenhor Evangelista de Cefalônia, os estudos iam até a antiga quarta série do ensino fundamental. Difícil era querer sair daquela escola. A preocupação era se na outra teríamos o mesmo tratamento e a mesma atenção. Mas aprendi que não é a escola que faz o aluno, e sim o aluno que faz a escola.

Então, na quinta série do ensino fundamental, numa escola maior, a Escola Nossa Senhora da Assunção, com mais alunos, comecei a mostrar meu talento nos momentos culturais.

Em sala de aula, tive dois professores de língua portuguesa que faziam a gente ler com arte. A professora Gorete, no oitavo ano, nos fez dramatizar o romance *A moreninha*, de José de Alencar, e foi aí que fiz meu primeiro roteiro, escrito a caneta, com letra muito caprichada, porque ainda não existia para nós o computador. O roteiro da peça guardo com carinho. Nós mesmos ensaiamos para a apresentação ser um sucesso.

No terceiro ano do ensino médio, o professor José Patrício nos fez dramatizar o romance *O cortiço*, de Aluísio de Azevedo. Novamente roteirizei o romance, ensaiei com os colegas e apresentamos na escola. Eu fazia a narradora e atuava como a mãe do Josias. Narrar e atuar foi uma experiência boa para hoje fazer minhas contações de histórias.

Sempre tive dificuldade em matemática, achava difícil, mas o professor João Tourinho nos trouxe uma matemática que dava gosto de aprender. Com ele comecei a tirar notas altas nas provas.

O que quero dizer com esse relato de vida educacional é que hoje, como professora, busco ser assim com meus alunos: perceber o potencial que cada um tem e motivá-los a ser o melhor que podem ser.

O educador tem que se sentir motivado para levar os alunos a descobrir suas pontes. Seremos pontes para outras pessoas, primeiro sendo pontes para nós mesmos e nos permitindo novas descobertas, sentimentos, emoções, sem medo de arriscar viver o novo, porque o risco nos motiva a confiarmos em nós mesmos.

O que dizer de um educador que entra em uma sala e se depara com uma criança em atraso de aprendizagem? Ele pode pensar: "Nossa! Que dor de cabeça vou ter e quão difícil vai ser este ano!". Pode deixar a criança de lado e dizer à mãe: "Ele precisa de ajuda psicológica". Ou pode pensar "Está complicado, mas vou encontrar métodos de ajudar essa criança a encontrar suas respostas", e se propor a enfrentar esse desafio, buscando conhecimento sobre as causas do déficit de aprendizagem.

Na vida, todos nós passamos por decisões difíceis, em que precisamos ter calma e escolher o melhor caminho. Acredito que não existe experiência que não nos ajude a crescer, até mesmo aquela que julgamos ser ruim. Tive umas bem complicadas. Lembro-me de ver meu caderno ser jogado ao chão por uma professora. Eu não passei pela alfabetização, que na minha época se chamava "pré-escola". Então, minha caligrafia não era muito boa. O que fiz com isso? Comecei a escrever mais até que cheguei à letra que eu queria ter.

É preciso saber ensinar e entender que educar vem do latim *educare*, que significa "conduzir", "guiar". Ser um guia é indicar a direção de um caminho que nunca tem fim, porque aprender é um exercício constante.

Gosto de ler e, ainda menina, encontrei um livro em que o autor, Leo Buscaglia, dizia que "o professor que pensa que sabe tudo é o maior logro do mundo! Que maravilha quando a criança faz a pergunta brilhante e o professor diz: que pena, mas eu não sei a resposta. Vamos descobrir juntos?". Não precisamos saber tudo, porque estamos sempre aprendendo algo novo e sendo guias para nós e para os outros. É importante que o educador, em sala de aula, busque conhecer as potencialidades, os saberes empíricos de seus alunos, que às vezes, por falta de oportunidade, deixam de externar.

MAS E ONDE ESTÁ O VALOR DA BICICLETA?

Na aldeia onde nasci, meu pai adotivo, conhecido como Baga, tinha me presenteado com uma bicicleta verde, bonita, cuja imagem ainda está na memória. Andava com os Tikuna pelas ruas sem asfalto da pequena aldeia. Ao irmos para São Paulo de Olivença, levamos a bicicleta, mas fui crescendo e ela foi ficando pequena, até o dia em que não serviu mais e eu pedi outra à minha avó. Ouvi dela a seguinte frase: "Se passar de ano com boas notas, lhe dou a bicicleta".

Eu já estava no terceiro ano do ensino fundamental e caprichava nos estudos. Sempre com notas altas, chegava ao fim do ano e era premiada, ficando sempre entre o segundo ou terceiro lugar na listagem geral dos alunos. Minha avó aplaudia, ficava feliz e, quando eu ia cobrar o presente, ela novamente dizia: "Ano que vem, se passar com boas notas, ganha a bicicleta". E eu pensava: "Poxa! Então, é estudar para ano que vem ganhar".

Terminei o ensino fundamental, saí da escola Monsenhor Evangelista de Cefalônia, fui para a Nossa Senhora da Assunção. Lá começava tudo de novo e a promessa da bicicleta também. Já jovem, pensei comigo: "Vou para o segundo ano, estou perto de concluir os estudos; agora ela me dá a bicicleta". Passei de ano e ouvi de novo: "Ano que vem, se concluir os estudos com boas notas...". Terminei o ensino médio sendo a aluna premiada entre os melhores do ano.

Ela faleceu quando passei para Geografia na universidade Estadual do Amazonas. E a bicicleta? Ela não veio. Eu sabia que minha avó não tinha condições de comprar. Com o tempo, entendi que havia ganhado a bicicleta, sim, e ela sempre esteve comigo. Eu a pedalava a cada ano, forte e com foco, para chegar à próxima série, e assim fui até a conclusão dos estudos. A bicicleta que pedi à minha avó tornou-se minha companheira nas pistas de corrida rumo a ser a geógrafa que sou, e rodou comigo até o mestrado. Essa bicicleta tem nome: motivação, saber.

Mesmo ela não estando mais perto de mim, quando sentia dificuldades financeiras e nos estudos, fechava os olhos e me imaginava pequena, naquela velha casa de madeira, debaixo da rede dela, sentindo o cheiro do cachimbo com "tabaco de moio" e perguntando: "Mãe, e a bicicleta?". Então, era como se a voz dela respondesse: "Se concluir tua graduação, te dou a bicicleta". Sentia-me forte e voltava a escrever meus artigos a caneta, porque não tinha computador, e a universidade ainda estava em fase de construção. Lembrava-me da professora que jogou meu caderno no chão por conta da caligrafia ruim e pensava: "Gratidão, professora, por hoje eu ter essa caligrafia tão caprichada". Até o que parece ruim não é de todo algo que não te traga crescimento: é só saber usar a seu favor.

Pedaladas me levaram ao mestrado, e sempre com o mesmo esforço e vontade de tirar boas notas. Lembro-me da emoção de ouvir a leitura da ata de minha defesa e a nota "A", equivalente a dez. Naquele momento, senti os aplausos de minha avó e pensei: "Gratidão, mãe Assunta, pela bicicleta que me deste e comigo caminhou até aqui". O dez foi dedicado a ela. Agora vem o doutorado, e novamente a bicicleta será minha companheira. Mas é preciso cuidar, verificar o freio, os pneus, sem esquecer que a maior sabedoria está dentro de si. Dar valor aos estudos, aos ensinos transmitidos, conhecer seus limites, ouvir os conselhos dos mais velhos, fazendo reflexão, e não ter medo do novo: foi assim que caminhei até onde estou.

Hoje sou mãe de um menino de doze anos com diagnóstico de autismo e uma forma linda de comunicação, além da fala: o desenho. Ele estuda normalmente, como qualquer criança, e atualmente cursa o terceiro ano do ensino fundamental, ainda caminhando para o domínio da leitura e da escrita. Conversamos muito sobre vários assuntos da cultura indígena. Falando com ele sobre "o valor da bicicleta", contei um resumo do que fazia minha avó para me motivar a aprender e pedi que ele desenhasse a bicicleta para ilustrar este material. Ao terminar, vi que tinha desenhado também uma menina, então perguntei sobre ela. "Desenhei você, mãe, pedalando a bicicleta", respondeu o Carlinhos. Curiosa, perguntei: "Mas estou acenando por quê?". "Você está acenando para sua mãe, que está lhe vendo ir à escola pedalando a bicicleta", disse ele. E nossa conversa encerrou com meu coração emocionado por tanta sensibilidade vinda de uma criança que, ao ouvir uma narrativa, fez suas observações naquele desenho, apresentando a bicicleta que minha mãe-avó prometia e eu pedalava.

A criança tem sua liberdade criativa, e é bom explorar esse talento, deixando-a mostrar sua própria narrativa. Imagine uma professora que entra na sala de aula com alunos do segundo ano do ensino fundamental e diz: "Hoje vamos desenhar uma flor". A criança fica alegre, sorridente, pega seu caderno e desenha a sua flor. A professora olha o desenho e diz: "Não! Você vai desenhar a flor que está no quadro com as cores que vou falar". Então, a criança rasga seu desenho e começa a desenhar como a professora quer.

Precisamos ver o professor que estamos sendo, se nosso ensino está edificando ou se estamos bloqueando o artista que existe em nossas crianças. Ser criativo é próprio de toda criança; precisamos ser criativos junto com nossos alunos porque toda ação, boa ou ruim, vivenciada na fase escolar jamais será esquecida.

Ao professor cabe o desafio de sair do quadrado que é a sala de aula, ou do comodismo, e mostrar o novo aos alunos, aprender junto, descobrir junto, se reinventar num tempo em que a internet, as propagandas e o celular, tiram a atenção de todos.

A poesia é minha companheira de sala de aula. Começo com a leitura de uma poesia sempre e termino ouvindo meus alunos lerem seus poemas, porque entendo que temos um poeta adormecido dentro de nós, que pode despertar desde que haja vontade. Quando minha aula é na aldeia, gosto de tirar meus alunos da sala e deixar sentirem o chão, a terra, a água, a areia da praia nos pés, conhecer com outro olhar o seu lugar. Perceber melhor o solo de sua roça e sentir que a roça é elemento importante da identidade de um povo.

Na sala de aula, são importantes os rituais antes de começar a expor a matéria do dia. Lembro-me da minha infância na sala de aula, quando a professora fazia uma oração antes de começarmos as atividades. Na aldeia, iniciamos com canto e ritual, pedindo essa mesma força, coragem, paciência de aprender quando se percebe a dificuldade. E isso para mim é oração. Se há pajé na aldeia, ele é convidado a conduzir a abertura da aula, que encerro com canto em roda, pois as rodas canalizam energias que emanam de nosso coração e espiritualidade.

Entre os momentos de aprendizagem, temos nossa oficina de grafismos, porque cada povo pode dizer a importância que sente quando faz um grafismo que carrega a identidade de sua nação.

Então a alegria contagia e a aula se torna não um amontoado de conhecimentos a serem lidos e debatidos, mas um aprender sem pressa na partilha e solidariedade.

É preciso cantar e orar antes de dar a matéria do dia. É preciso conhecer o aluno e chamá-lo pelo nome. É preciso, ao ler seus escritos, motivá-lo com frases como "Você está cada dia melhor", "Lindo seu texto" etc. Até hoje guardo meus trabalhos de aula em que professores deixaram mensagens desse tipo.

Como escritora, visitei uma escola municipal em Santarém, no Estado do Pará. Conversei com os alunos, ouvi poesias recitadas por eles, mas o que chamou minha atenção foi quando bateu o sinal de intervalo para merenda. Parecia que eles não haviam escutado, não se mexeram da cadeira e continuaram atentos à minha fala, perguntando, comentando temas como gênero, religião, cultura, literatura etc. Foi uma experiência única. Depois a direção pediu para fazerem a merenda para as turmas do segundo e terceiro anos e levar na sala em que estávamos conversando. Como é difícil nas escolas de hoje acontecer um fato assim, não porque foi comigo, mas porque os alunos não estão muito envolvidos em ouvir quem lhes fala. Como educadores, precisamos encontrar estratégias para prender a atenção dos alunos e potencializar a leitura em sala.

Outro ponto que percebo importante é o vestir-se bem, ficar bonito(a) para dar aula. Estava em uma aldeia dando aula para graduação e ouvi de um colega a frase: "Você vai dar aula toda arrumada, com brincos de penas, bem vestida". Ao colega expliquei que fazia parte da minha forma de motivar meu aluno a entender que a maneira de se vestir contribui para o querer aprender do aluno e ele começa a procurar melhorar sua aparência tendo o professor como seu paradigma. Aprendi isso ainda como aluna. Queria copiar a elegância de minhas professoras e vê-las bem arrumadas nos motivava.

Na aldeia, sempre estou de brincos e cocar de penas. Serve para visualmente trabalhar nos meus alunos o valor da identidade que está em nós e se percebe nos grafismos desenhados na pele, nas penas que representam a liberdade de viver a vida, a cultura. As mulheres de outros tempos, de modo particular as mulheres Omágua/Kambeba relatadas nos livros dos cronistas dos séculos 16 e 17, produziam vestimentas, pintavam roupas, usavam colares, penas, botinas feitas de látex. Como mulher, temos nossa vaidade, mas vestir-se com nossa identidade é algo cultural.

Motivar a criança a aprender deve ser uma função dos pais e professores. A repetição da frase "se passar de ano, te dou a bicicleta" causava em mim estímulo durante o ano inteiro. A recompensa não veio em forma de objeto, mas eu obtive a melhor bicicleta que alguém já ganhou, a "bicicleta do saber".

Cada pessoa carrega sua lembrança de sala de aula e todos, independentemente da profissão, na vida passaram por um(a) educador(a) que os guiou e cuidou na busca de encontrar sua ponte para atravessar. Os educadores merecem nossa gratidão, carinho, amor. Sem meus educadores, não teria chegado ao estágio da vida acadêmica. Lembro-me de, no mestrado, ter pensado em desistir porque nem todo educador quer ser guia, mesmo que entenda a sua missão.

Nessa etapa, o mestrado, precisei trocar de orientadora, encontrei minha amiga, Profa. Dra. Amélia Regina, que acreditou em mim, estendeu a mão e, juntas, atravessamos a ponte do saber Omágua/Kambeba. Sem seu apoio, naquele momento não teria me restado alternativa senão trancar o mestrado, desistir da pesquisa e esperar outro momento. Como professores, precisamos nos alegrar com a vitória de nossos alunos. Essa experiência aumentou em mim a vontade de ajudar, motivar mais as pessoas a vencer suas batalhas, a enfrentar seus medos. Tornei-me mais humana e me vejo na alegria dos meus alunos quando me falam "Estou no mestrado".

A sala de aula não pode ser um espaço de solidão. Precisa ser um território das multivozes, onde se escuta o que o outro tem a dizer. Precisa ser o território de decolonialidade para que se conheçam formas de conviver com as diferenças. Espaço da interculturalidade, respeitando as formas de convívio, da sexualidade, da sensibilidade do ver e ser do sagrado do outro. Quando vou visitar uma escola e falo sobre o "território do sagrado", vejo olhos brilharem ao escutarem sobre rituais, o mundo dos espíritos etc.

Numa ocasião, após a conversa, uma menina veio até mim e, num abraço, disse: "Saio daqui feliz porque aprendi mais e me senti contemplada porque sou do candomblé". Como as escolas estão trabalhando as religiosidades afro-indígenas? Importa saber como falar de religião, respeitando o credo de cada pessoa, sem deixar que ninguém saia ofendido.

É preciso pensar estratégias para falar dos orixás de forma que a criança faça uma leitura fácil e de boa compreensão. Nessa mesma sala de aula, ouvi uma criança de família evangélica dizer: "Meu pastor disse que bater tambor é coisa do demônio porque está relacionado à macumba". Então expliquei a ela que "macumba" se refere a um instrumento de percussão de origem africana usado nos cultos e essa relação da palavra macumba com feitiçaria é um equívoco. Falamos do valor do tambor, de como ele entrou na cultura indígena trazido pelo povo Tupinambá em suas migrações.

Como professores, precisamos aprender a ouvir nossos alunos, suas dúvidas, suas histórias, seus anseios etc. Há milhares de caminhos e cada um há de descobrir como seguir, sem permitir que, como pessoa, alguém lhe imponha o seu caminho ou a sua forma de caminhar. Precisamos de guias que nos ajudem a caminhar e encontrar respostas e não nos deem respostas prontas. Sejamos guias no caminho da educação.

E assim como costumo fazer ao terminar minhas aulas, convido vocês, leitoras e leitores para continuarmos nosso diálogo por meio da coletânea de poemas que deixo a seguir.

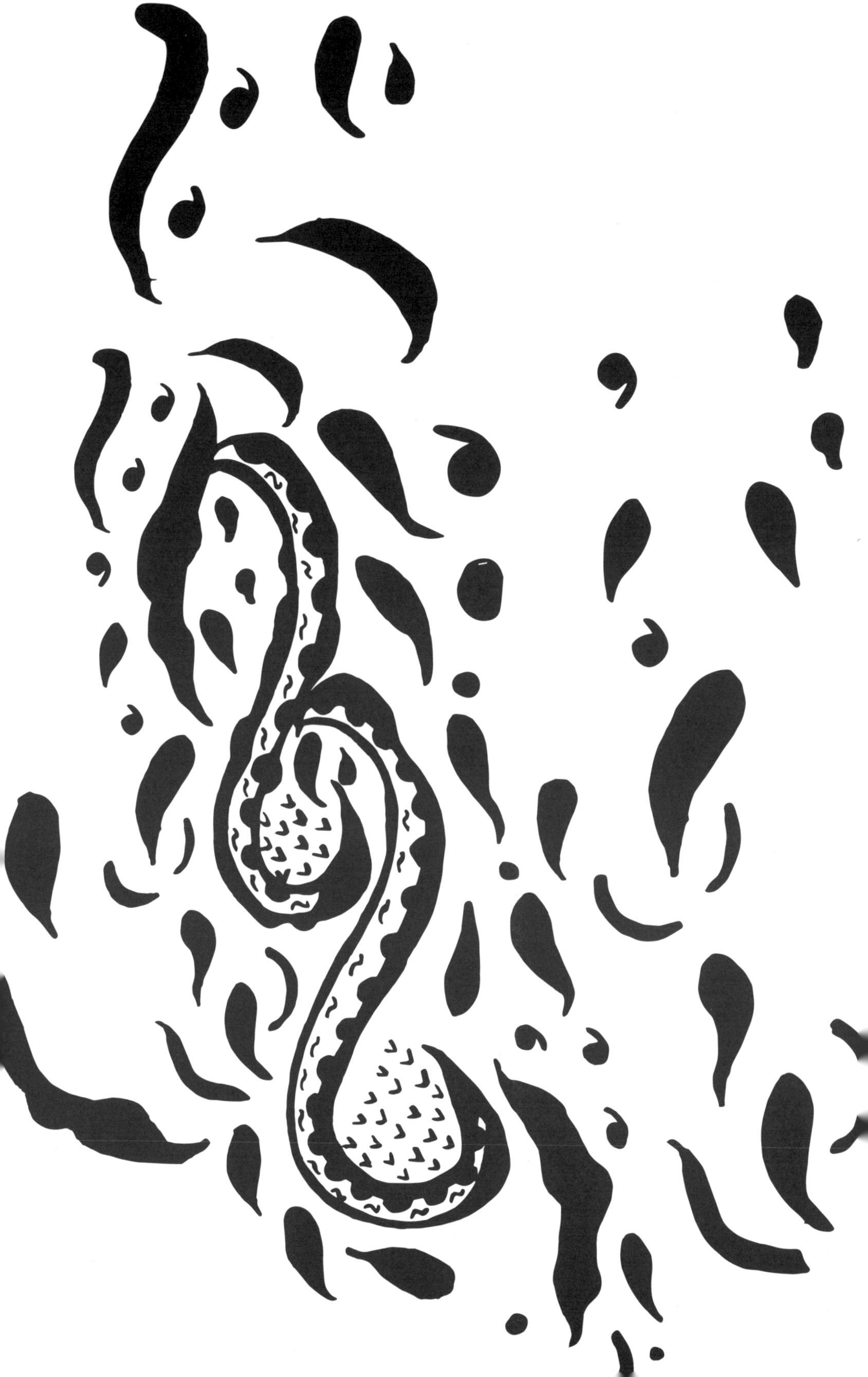

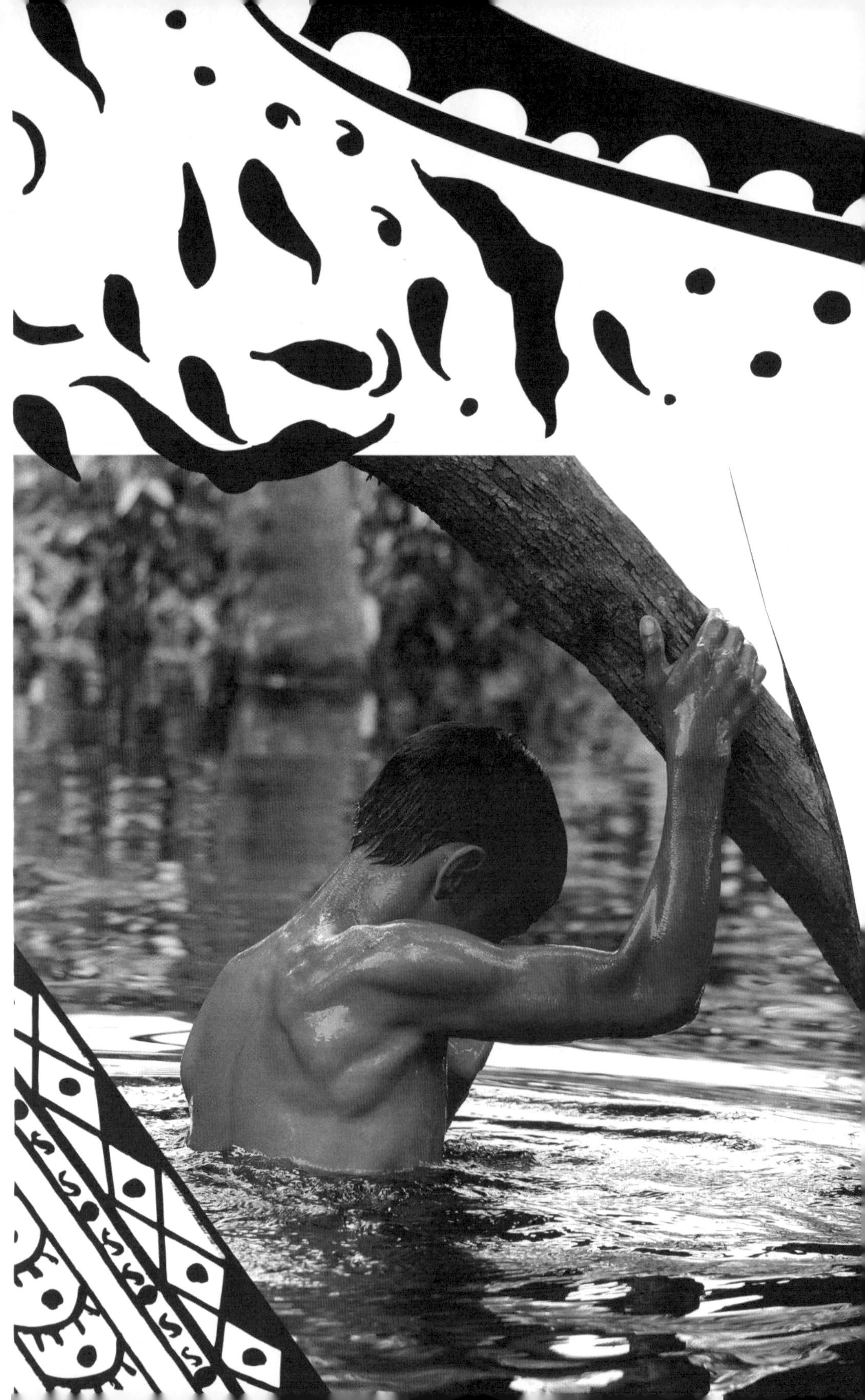

PEDAGOGIA DAS ÁGUAS
POEMAS

POEMAS DE PROTESTO

POVOS NA UNIVERSIDADE

A visão de mundo
Que na aldeia aprendi
E que trago na alma
É Identidade.

Um tempo profundo
Um rio fecundo
Um canto forte
Resistência que quero mostrar
Nas penas, pulseiras, cocar.

E a cidade cobra sem piedade
Mas como fazer
Se a universidade não me permite ser?
Pataxó, Mura, Kambeba, Guarani.

É preciso desconstruir e permitir
Uma interculturalidade
Um respeito à diversidade
Nessa casa de saber.

Porque na minha universidade-aldeia
Onde o rio corre à vontade
O pesquisador não vai sofrer.

Vai ser bem recebido
Vai comer e vai beber
Conhecer nosso sagrado
Ter respeito no seu querer.

Assim queremos que a universidade
Com nossa nação venha fazer
Se despir do preconceito
Entender que sou um legado
Que o meu fumo enrolado
Afugenta todo mal
É preciso entender nosso tempo
Para sair do seu quadrado.
Também faço ciência
Sou terra, sou água
Segue manso meu rio.

Quero saudar meus ancestrais
Nessa selva de pedra
Antes de sentar para aprender
Bater meu maracá
Pedir licença para partilhar
Porque isso é ciência milenar.

Não sou objeto
Penso e existo.

Não me deixe na invisibilidade
Estou na cidade
Mas minha aldeia levo comigo
Na forma de pensar a universidade
Vamos sentar e a fumaça compartilhar
Fumaça do saber.

SAI DE MIM

Preconceito, não sou teu refém
Sai de mim!
Chega sem dizer de onde vem
Eu só sei que teu rastro
Faz sofrer o homem de bem.

Te vejo na rua
Em casa, meu lar
Te vejo na escola
Na aldeia, acolá
Parece visagem
Destrói a imagem
Te venço no laço
Eu tenho coragem.

Solte o cabelo
Abrace sua raiz
Ame seu corpo
Sua boca, nariz
Aceite sua cicatriz.

Não critique a sexualidade alheia
O gosto é seu! O gosto é meu!
Não existe mulher feia
Se informe!
O que é certo pra mim
Pode ser errado pra ti
E vice-versa.

Afirme a nação
Não desista de ser
Humano, sumano
Prenda o preconceito
Solte a afirmação e comece a viver.

O preconceito é um vilão
Feito algema, sabe prender
Respeite o outro e respeitado há de ser.

CONSCIÊNCIA INDÍGENA

Consciência, cadê você?
Onde está que não te vejo?
Como tu és, qual tua cor?
Quero te conhecer.

Preciso aprender a conviver
Com as diferenças
Para poder entender
A "consciência indígena"
"Consciência negra".

Numa terra que deveria reconhecer
A importância de ser originário
A cultura que pisou o chão
O maracá que te fez Brasil
Era para soar em cada coração.

Esquecidos do calendário
Invisibilizados no direito de viver
É preciso que as escolas ensinem
O que a consciência deveria saber.

Consciência ambiental
Consciência social
Consciência do respeito
Nessa terra Brasil
Que já foi colônia de Portugal.

Consciência indígena
Pedimos em louvação
Para não ver nossa terra
Ser palco de devastação
Para não ver nossas crianças
Se envergonharem de sua nação.

Protagonismo é de todos
Na força da união
Na partilha da coletividade
No sorriso do curumim.

No canto que soa forte
Na pisada suada no chão
No abraço e aperto de mão,
Amor amando cada irmão.

Consciência é ver você no outro
É ver o outro em você
É olhar com cuidado para ver de onde vem
O cheiro de cobra grande
O cheiro que a aldeia tem.

CONSCIÊNCIA NEGRA

Dizem que consciência não tem cor
Nem cheiro, nem sabor
Mas às vezes faz a alma sentir dor.

Consciência não tem cor
Mas o mundo cultiva desamor
Logo negro é "bandido", "fedido"
Fica aí, irmão! Mão na cabeça!
Larga tudo ou tá perdido!

A consciência não tem cor
Olha o "índio"!
De "sem alma" ele o chamou
Expulso de sua terra
Uma bala o matou.

Consciência não tem cor
Mas Galdino foi queimado
Dormindo na estação
Abusaram da menina
E ainda a chamaram de "nega do cão".

Consciência não tem cor
Mas ainda se entende
Que "indígena" para ser gente
Tem que nascer de novo
E viver no mato.

Usar flecha e não caneta
Morrer sem fazer careta
E para os afro-indígenas?
A coisa tem que ficar sempre preta?
E consciência não tem cor.

TEMPO DE APRENDER

Ontem brincava de roda
O rio era sempre companheiro
Na simples casa de palha
Corria pelo terreiro.

Remava o rio dos sonhos
Da terra brotava o sabor
Sentia o vento faceiro
Dizer sonetos de amor.

O tempo contou minha história
Pintou meu cabelo com a cor
Que pinta a nuvem e os anjos
Que diz como a vida ensinou.

Senti o tempo dizer
Que a educação tem que avançar
Sentei no banco de escola
Minha memória aprendi a desenhar.

Escrevo cada momento
Que o tempo me faz lembrar
Escrevo aos novos de agora
Para fortalecer o seu caminhar.

Por isso digo aos jovens
Narrativas ao pé do ouvido
Sentimento que vem de avó
Na voz rouca do tempo
Do sorriso que o vento levou
São memórias de minha história
São memórias de meu avô
Identidade, sabedoria que branqueou.

TEMOR PELA AMAZÔNIA

Para que vender nossa Amazônia?
Temos muito o que "temer"
Tememos que um dia não haja
Rio limpo para correr.

Tememos pelo fim de nossas árvores
O agronegócio nos faz "temer"
Tirar do solo a matéria orgânica
Fará a população microbiana morrer.

A onça assustada mergulhou
Sumiu na lama da devastação
A preguiça apressada
Morreu de intoxicação.

Os encantados estão tristes
Como pássaros se fazem ouvir
É lamento de raça e de vida
Que canto? Onde canto?
Quem vai sentir?

Salve a Amazônia!
Que guarda encanto e beleza
Onde a nossa natureza
Produz o ar
E o mundo respirou.

Salve a Amazônia!
Para não "temer" o que tememos
Para não morrer de calor
O mundo precisa entender
A Amazônia no seu esplendor.

Árvore em pé, animais vivos
Povos nas aldeias, no seu lar
E uma casinha espelhada na água.

Sozinha? Não sei
Por perto tem a mata, rio
O boto para nadar
Um templo para cuidar.

O OLHAR DA PALAVRA

Palavra é memória
Senhora da história
Desenha sentimentos
Resistência, lutas, vitórias.

Palavra que dança no tempo
Vaga-lume que ilumina o amor
Palavra que marca o passado
Narra o presente
Do povo o clamor.

Palavra é o lugar
Do ver, ser, identidade
Escrita que nasce do olhar
É a palavra vestida de liberdade.

Libere a palavra
Reescreva o final
Palavra é farpa
Poesia marginal.

COSTURANDO SABERES

Simplicidade de beiradeiro
Sabedoria de curandeiro
Retrato de resistência
Na face de menino.

Alegria de quem ama
Força de quem tem fé
Identidade de Amazônia
Caboclo remeiro
Indígena que é.

Papelão, agulha e linha
Costurando saberes, sonhos, poesia
Educação, humildade, humanidade.

Vivências de identidades
Escritas em folhas
Com tintas de amorosidade.

Eu vi um menino
Que tem alma de rio
A sutileza da onça
O passo da paca.

Tem partilha, missão
E costura sonhos
De adultos e outros curumins
Com o poder da educação.
Eu vi!

DEPOIS DE AMANHÃ

Quando as vozes calarem
E a flecha não mais voar
Quando a terra rachada
Os pés não puderem pisar

Nesse dia surgirão novos guerreiros
Nova era se confirmará.

Queremos história
A onça voraz
Na voz do curumim
Extinção jamais!

As árvores então falarão
As pedras também vão falar
Expressando tristeza e pavor.

Sapopemas gritarão por nós
Porque sempre existirá
Aquele que sabe mandar
O outro calar sua voz.

Confio no abraço do parente
Na era dessa curuminzada
Filhos da gente
Que já nascem sabendo o que é dor
Que a terra deve ser cuidada
Com a vida, carinho e amor.

Quando nossa geração se for
Restarão a canção e a poesia
Restará o retrato falado
De quem em vida na resistência lutou.

Restarão o livro que o indígena escreveu
A filmagem de quem entendeu
Que na vida não se vive por viver
A vida não é só aqui
O que fazemos de bom
O mundo precisa sentir.

No dia em que a nossa geração se for
Certo que continuará a alegria
E a meninada entenderá a diferença
O respeito à diversidade
Porque a interculturalidade
Se vê nos traços da cunhã e curumim
O resto é invenção que só se lê e não se vê.

No dia em que nossa geração se for
Restarão a pedagogia da aldeia
A psicologia da floresta
Para tratar a dor da alma
Pelo olhar do curumim que falou:

Sou a flecha do amanhã
Sou árvore em pé
Sou rio correndo vivo
Sou a força da mulher
Sou curupira, sou pajé
Virando sucuri na beira do igarapé.

Sou a cultura parindo educação
Com a parteira de cócoras no chão
Segurando sua mão.

Sou a chave que abre a algema
E liberta do preconceito e perversidade
Sou a porta que leva ao saber
Sou a cara da aldeianidade
Sou ponte ligando as ideias da mocidade.

BRASIL NOSSO DE CADA DIA

Vejam a situação
No Brasil a coisa anda assim
A verdura tem agrotóxico
A carne foi maquiada.

A água contaminada
A galinha tem hormônio
É peixe envenenado
É lixo entulhado
Na cidade dos racionais.

Urubu não dá conta
De tanta podridão
Ele que é um camarada trabalhador
De comer lixo já se cansou
E no solo o chorume infiltrou.

A podridão não está só na rua
Está na casa que é minha e sua
Onde decisões são tomadas
De um Brasil atrapalhado
Com o leme quebrado
Virou barco à deriva.

Mas ainda tem a educação
Ela pode tirar a nação desse caos
Temos direito de nesse país viver
E ver nossas crianças em paz crescer.

Ainda sonho
Em ver hospitais com leito e medicação
Professores ensinando
Com amor e dedicação
Com salários dignos
Tendo orgulho da profissão.

Quero andar na rua sem temer o ladrão
Quero ter paz e sossego
Porque sou bom cidadão. Eu quero!

O CHORO DOS POVOS

Quando a mãe d'água chorou
Sentada na beira do rio
O sol ofuscou seu olhar
Das águas seu brilho sumiu.

Quando a mãe d'água chorou
Uirapuru parou de cantar
Em silêncio a mata ficou
O choro não dá para aguentar.

A aldeia também chorou
A dor da dizimação
Da falta de humanidade
Meu lugar virou cidade.

A lágrima triste da face correu
Passeou pelo rosto
Na terra caiu
Juntou-se ao barro
Em lama se uniu.

A pena cobriu o olhar
Triste, caído, cansado de lutar
Por uma consciência coletiva
Pela cultura na terra
A vida não é mercadoria
Estamos em tempos de guerra.

Quando o indígena chora
A árvore chora também
Pedir socorro a quem?
É tempo de se juntar
E a cuia do chibé partilhar.

ALMA DE PERIQUITO

Ser pássaro está fácil, não!
Na floresta é só devastação
Na cidade me colocam na prisão
Fico lá sendo a alegria da população.

Ah! Gosto disso, não.
Quero ser livre e na mata morar
Quero bater as asas
Da árvore o fruto colher
E quando sento em um açaizeiro pra comer.

Sinto uma dor tão forte
Meu coraçãozinho começa a arder
Me diz o doutor urubu:
Já era, periquitinho
Meu almoço você vai ser.

Foram dezenas de irmãos
Periquitos cidadãos
Moravam perto dali
Efigênio Salles condomínio de barão.

Mas na hora de almoçar
Era uma cantarolada sem parar
Sempre querendo o melhor açaí.
E daí? Atrapalhamos o sono do patrão.

Veneno em nossa comida veio borrifar
Intoxicação, dessa não deu para escapar
Calaram nosso canto e de mais quantos vão calar?
O doutor urubu chamou sua tropa para ajudar
Tomate! São muitos dá para almoçar e jantar.

Mas por que foram matar?
São parentes e camaradas
Só queriam se alimentar
Quem vai esse prejuízo pagar?
Assassinaram a natureza
Covardia desvairada!
Disse o urubu com uma lágrima parada.

Sou um filho do "verde" mesmo
Ou será que sou abestado?
Em acreditar que eram do bem?
Sou filho do "verde" e sempre serei
Mas fui confiar na inteligência humana e me ferrei.

Hoje alma de periquito me tornei
Mas o açaizeiro continua lá
E muitos do meu bando pousarão para cantar.
Eita! Será que a matança vai continuar?
Avisem que eles correm perigo se desse açaí provar
É muita malvadeza e tá difícil de aguentar!

ARTE INDÍGENA WAI WAI

Na beleza de viver a cultura
Que contribui para geração
A arte vem mostrar a sabedoria
Dos povos que imprimem força e energia.

Cada peça tem uma forma de ser
Um significado no território do sagrado
O jamaxim é feito de fibra de arumã
Usado pela mulher no seu afazer.

A peneira e tipiti são utilidades do lar
Na bebida do patawá a peneira é singular
Separa o caroço do suco que a aldeia vai tomar.

Na essência de ser mulher
O que se vê é uma beleza
As plumagens vêm das aves
As sementes da natureza.

Aqui a arte vira ciência
E é repassado pelos que têm experiência
A elaboração requer tempo e convivência
A arte com morototó tem que ter cuidado
Agilidade, empenho e paciência.

As plumagens são de arara-canindé,
Dela retira a pena amarela
Que deixa a menina bela
Com tiara, colar, adornada até o pé.

Do morototó vem a saia que usam na dança,
Vestindo as mulheres adultas e as crianças,
Na força que vem das mãos
Oferenda de esperança.

A dança do povo Wai Wai
Mostra alegria e união
Dançando escrevem sua história
De luta e formação, na dor, e sem temores
De viver sua identidade esses mestres educadores.

RITUAL KAMBEBA

Romper com as amarras do preconceito
Indica o início de um novo tempo
Ter a história na mão
Uma história marcada por lutas
Alegria e transformação
Lugar sagrado da nação.

Kambeba é nosso povo.
Apelido recebido pelo Tupinambá
Modelar a cabeça, iniciação milenar
Bastava colocar duas pranchas
E acolchoar com algodão
Bem pequeno o indígena era iniciado
Apertando com cuidado
O crânio ficava remodelado.

CATEQUIZE

Em tempos passados
Estiveram aqui
May-tini com armas
Kariwa puxi
Falavam uma língua
Estranha para mim.

De longe se via
A cruz despontar
Olhava para ela
Queria entender
Que Cristo era esse
Que deveria temer.

Foi então que ouvi:
"Tu precisas orar"
Te ajoelha ao pé da cruz
Para a primeira missa celebrar.

Invadido na alma
Pela força da catequização
Estratégia usada no domínio das terras,
A partir desse dia entendi a demarcação.

Longos anos se passaram
De domínio e exploração
Uma cruz foi levantada
Demarcando nosso chão
Desde séculos passados
Deus é usado como moeda de circulação.

É o evangelho da prosperidade
É a cultura da grana
Meu sagrado violado
Sem ter como e nem por que
Rituais destruídos
Endemoniavam meu maracá
Desrespeitando seu espírito.

Eis que surge um novo tempo
O tempo do meu saber
O tempo que guarda a memória
O tempo do meu fazer.

A chama indígena resistirá
Chegou nossa vez de catequizar
Uma catequese diferente
Adentrando coração e mente
Buscando decolonizar
O kariwa puxi
Que um dia eu vi daqui
Catequizando para dizimar.

A FORÇA DA MINHA FLECHA

Andei por terras distantes
Cacei e fui caçado aos montes
Arrancaram-me dos braços da terra
Amarraram-me como animal pra morte.

Gritei me debati e soltei-me
Corri me esquivei e livrei-me
À bala, minha pele não olhou
Para mata ligeiro voltei.

Meu arco e flecha peguei
Sua ponta arrumei, afiei
Com raiva a flecha lancei
Esperei, acertei, mas não venci.

O tempo passou! Vesti-me e saí
Na escola estudei e me formei
Aprendi outra língua e entendi
Que a palavra é força e com ela me defendi.

Argumentar desse jeito nunca pensei
Liberdade para a nação sempre busquei
Hoje a flecha é a palavra
Que encontrei, afiei e lancei.

Milhares de pessoas
Com um só lance acertei
Não machuquei, não sangrei e não me esquivei
Abraços e apoio recebi
Com liderança vivi e aprendi.

E a paz? Essa vem no abraço
Que dos amigos pedi
Porque já é hora de se achegar, reunir e se unir!

INVASORES?

Nessa luta pela terra
Na peleja pela vida
Nos abriram uma ferida
Que cutucam sem parar
Eu não sei até quando
Essa ferida vai sangrar.

Catequese recebi
Liberto fui do mal
Mas tirar o sagrado do outro?
Diz a igreja
Tinha que ser pecado mortal.

Mudaram as vestes
Que o jenipapo costurou
Não deixaram o pajé na aldeia ser doutor
Transmutação?
Quebraram a pedra sagrada
Para o sagrado é violação.

Usar o cocar do indígena
Como adereço de carnaval
Pintar o rosto de tinta
Sem entender a mensagem
Grafismo é símbolo sagrado
Tem linguagem e não é tatuagem.

De invadidos
Viramos invasores
De nosso próprio lugar
Da terra dos ancestrais
Resistência?
A Espiritualidade é quem faz.

A GARÇA E O GAVIÃO

No meio do lixo
Entre fedor e poluição
A batalha estava travada
Da garça com o gavião.

Pássaro que transmite suavidade
Pelas penas já promove a paz
Suave como uma bailarina
Caminha entre os animais.

Pousou perto do rio
Parou para refletir
No mal que o homem vem causando
Logo pode se extinguir.

Voando por entre lixos
Alimento foi procurar
Faminto, bravo e aflito
O gavião estava a esperar.

Pegou a garça com suas garras
Seu instinto de sobrevivência apitou
Lutou com o gavião e com um grito avisou:
Não venham pra essas bandas
Não há comida, só pavor!
A garça foi se calando
Abafando sua dor
Nas garras do gavião
Sumiu na imensidão
E a luta terminou.

PÉ NO CHÃO

Bate teu pé no chão
Toca flauta e tambor
Ouvi do fundo da terra
Meu corpo não aguenta mais dor.

Terra sem mal
Terra de muito valor
Terra onde muitos lutaram
Tem sangue do pai e avô.

Minha flecha acertou
Bem fundo o teu coração
Na ponta trazia a esperança
O grito da minha nação.

Demarcação!
Demarcação já!
Não venha tirar o meu chão
Minha cura, meu rio
Digo não à violação.

CORAÇÃO DE BOTO

Nas águas do rio Solimões
Barrentas e ligeiras a correr
Brinca rodopiando no ar
Boto tucuxi, vermelho e rosa sem saber.

Que sua vida está ameaçada
Pela maldade que o homem tem
Predador mata e fere sem pensar
Que boto tem vida e sentimento também.

O boto na sua modéstia
Não revela a qualquer um quem é
Sua magia cura aquele que o toca
Na pureza do ser e de sua fé.

Mas o homem por se achar inteligente
Descobriu que o boto é capaz
Para curar e pescar usa sua banha
Com seu corpo faz feitiço e muito mais.

Pega o sexo do macho e da fêmea
Usa para atrair a moça e o rapaz
Se o efeito é notório ou não
O fato é que o boto não tem paz.

Venha ser guardião dos encantados
A conversa vem nos mostrar
Que o coração do boto tem doçura e amor
E vivo, a magia sempre existirá.
Olha o boto! Cuidado! Ele vai te encantar!

CAMINHO

    Mata escura
    Caminho dos animais
    Recanto da mãe da mata
    Refúgio dos imortais

    Caminho curto ou longo
    São voltas que o tempo dá
    Caminho do saber
    Saber em cada olhar
    Caminho sou eu quem trilho
    Sem pressa eu vou chegar.

    Caminho de decisões
    Decido se vou parar
    Sou guia, sou ponte
    Sou seta a indicar
    Até onde podes ir
    No meu caminho a caminhar.

O LAMENTO DA ÁGUA

Elevo a Nhanderu minha prece
Que me fez límpida e me enaltece
Saber que mato a sede e acalmo o calor.

Rego plantas, germina a semente
Limpo a roupa, escuto conversa de gente
Sirvo de abrigo para peixes e serpentes
Em mim a vida se refaz incessantemente.

Mas é fato já não dá pra aguentar
Ver meu rosto a sujeira agarrar
Meus olhos ardem sem parar
Do lixo, que chega sem avisar.

Uma lata cortou meu coração
Sangrei tanto que secou o rio de Cantareira
Magoada pela falta de educação
Deixei de correr e veja só a situação.

A terra seca parecia um sertão
Os peixes agonizaram sem respiração
Até a sucuri quis fugir da devastação.

E o homem?
Sua inteligência não fez chover
Ficou sem seu roçado
Agoniado sem saber o que fazer.

Mas ser mãe é cuidado e amor
E amar mesmo sem ser amada
Assim vou seguindo minha jornada
Apoiada pelo rio enfrentando os desafios.

De chorar já me cansei
O que será do amanhã? Não sei
Peço a Deus Tupã
Que não me deixe desamparada.

Eita, vida! E a minha vida
Será que não serve mais para nada?
Quero correr livre e me sentir amada
Esse é o lamento de uma água abandonada.

ENSINO DAS ÁGUAS

UNY (ÁGUA)

Iapã saisú tanu manha puranga
Uny waá pejú, uyupuí, munhã sikwé
H_2O wayna, aría, cunhã puranga
Upé marika buyawasú.

Pirayawara purungitá: Pususáwa!
Arupi uny aikwé sikwé
Nhãnsé xari mukiá se tetama?
Xari euaracy ityk uny
-Maã! Se sesá yaxiú
-munuka neto sasí zumi resaraisawá.

Indé ikú upé sangawasú!
Re waã munuka upé puxi
Se rakanga yuka rasú saisú kití tama.

ÁGUA (TRADUÇÃO)

Vamos amar nossa bela mãe
Água que cura, alimenta, faz viver
H2O é mulher, avó, moça bonita
Na barriga carrega a cobra grande.

O boto falou: Respeitem!
Água tem vida
Por que deixou sujo meu lugar?
Deixe o sol beijar a água
Veja! Meu olho chora
Corta o espírito a dor do esquecimento.

Você está na paisagem!
Ainda que cortada na maldade
Meu afluente leva amor para a cidade.

MEU LUGAR

Senti tua voz macia
Teu canto assobiado
Tem cheiro de peixe vivo
Teu beijo meio molhado.

No tronco de uma velha árvore
Lugar do encontro marcado
Senti um vento forte
No cabelo despenteado.

Nas pernas tuas carícias
Amor que a onda traz
Lá vem o rio chegando
Remanso que a água faz.

Um boto me faz cortesia
Querendo me encantar
O rio me diz poesia
Me ensina e faz flutuar.

Esse é o meu lugar
De onde eu mostro pra ti
O rio que me pega no colo
A praia que enlaça o luar.

Eu vi e senti o Caruci
Gigante o sol abraçar
Reflexos de um pai que ensina
O filho em suas águas nadar.

O tempo parou e eu não vi
Perdi a hora, esqueci os dias
Congelei o espaço
No abraço do bem-te-vi.

Caruci, em ti revivi.

PESCARIA NA ALDEIA

E com o povo Wai Wai tudo se faz em mutirão
A pescaria é uma alegria só
Começa com o preparo do timbó
Que vai ser usado para pegar o peixe
Pacu, tucunaré, filhote, mandi e bodó
Necessários à alimentação.

Lá nas pedras o ajuri é animado
Tem conversas, risadas e muito calor humano
Com música e um dançarino desajeitado
E uns e outros precisando ser encorajados
O ritual do timbó acontece uma vez no ano
E esse momento foi registrado.

O anúncio é com assobio
A caminhada é um desafio
Com cuidado para a canoa não afundar
Tem pedras, cachoeiras que podem machucar
Segue o povo num silêncio sem gritar
Com sua canoa de timbó a pescaria vai começar.

Na volta cada um traz seu pescado
O fogo já está na espera pra fazer um assado
A partilha começa com a vizinhança que mora ao lado
Quem pegou divide com os que ficaram na panema
A água vai subir e logo veremos essa cena
Pois diz a lei que não se pesca na piracema.

Sempre buscando ensinar os mais jovens
Na canoa vai o pai, a mãe e a bela pequena
É na remada que entendem o pertencimento
A identidade fortalecendo o sentimento
De ser povo Wai Wai que unindo mãos
Transmite educação, tranquilidade e paz
Que se refaz, suave e serena.

UTENSÍLIOS DA PESCA INDÍGENA

A sobrevivência na aldeia
Desde os tempos ancestrais
Vem da água e da terra
Dos peixes, aves e animais.

Os instrumentos que são usados
Sempre foram confeccionados
Com cuidado, criatividade e estratégia
Para atrair os animais que serão capturados.

A flecha é feita com cuidado
Na confecção usam cipó
As penas dão um ar de beleza
Mas precisa concentração, silêncio e leveza.

O cesto usado para carregar macaxeira
É feito de tala de taquara ou arumã
Nele carregam carne, peixe, e a cunhatã
Na confecção está presente a cultura
Que ensinam aos pequenos para terem amanhã.

Hoje se usa a tarrafa, malhadeira e o anzol
Mas ainda é preciso aprender a hora certa de pescar
Quem foi acometido da panema
Tem que ir ao pajé para dela se curar.

Dança e canta, balança o maracá
Benze com vassourinha, pede proteção a Naiá
Fuma rapé, bate o tambor que a panema vai passar
Cuidado com teu bembeké, não deixa ele ver mulher.

Assim vão caminhando os povos
Remando para mostrar,
Que no deslizar da canoa
A cultura não deixa de se renovar.

Mudam-se os instrumentos e técnicas
Mas não mudam os segredos que a aldeia nos dá
O curumim já nasce conhecendo seu lugar
E diz: Essa é minha cultura, que carrego no meu aturá!

A FORÇA DO CANTO

Abraçado com a folha
O sapo cantou
Anúncio de chuva
O formigueiro agitou.

O estalo da palha
A braveza do trovão
O grito de uma ave
É melodia, é canção.

O que parece ruído
Soa como vozes para a nação
Cantos que trazem a cura
Mistérios, mensagens, cosmovisão.

Curumim, senta aqui!
Não tira tua atenção
A música que tu escutas
Tem cura, educação.

Sente a força do meu canto
Como rio é acalanto
Resistência! Vista esse manto.
Não sei calar. Ouvi um grito!
Chegou a Matinta! Soltei meu pranto.

OLHOS DE CRIANÇA

Nos olhos de uma criança
Vejo o amanhã
Infância que eu respeito
Sabedoria de cunhantã.

O curumim chega suave
Dá um abraço que cheira a rio
Beijo com gosto de peixe
Se encolhe e solta assobio.

Chega menino mateiro
Mostra teu sábio valor
Na pele o jenipapo
Que na paxiúba ralou.

À tarde o banho de rio
O mergulho vai afirmar
O ouro de sua cultura
Que não se pode descuidar.

Mergulha bela morena
Cantoria no céu azul
Ao redor do fogo sagrado
Chama para celebrar
É Maíra quem vai falar:
Povo Tembé, és fogo
Põe lenha, não deixa apagar.

CHAMADO

Sem medo eu vou
Sem vergonha eu sou
Vou sem pressa na carreira
Se o rio me chamar.

Me jogo, me deito
Despido é meu jeito
Ergo o braço daqui
O rio ergue de lá
Solto um grito para pular.

Me apara eu vou
Mergulho no ar
O rio me fez voar.

Brincadeira, encantos
Paraná.
Sou awá, sou pirá
Yacu aprendi a nadar.

O LUGAR DO MEU RIO

E chega à tardinha
O sol reluz nas águas
Brilha a estrela
Na pele dos curumins.

Despercebidos
Aquecidos na canoa
Conversam risonhos
Gargalhadas que ecoam
Nas profundezas do coração.

Retrato de esperança
Na pureza de ser criança
Territorializam esse chão
Que cansado e abusado
Segue sendo morada da nação.

Corre manso
No mormaço
O rio do meu lugar
Minha canoa eu faço
Na remada conto causo
Desse rio a ensinar.

A, B, C das matas e encantos.
Tchibum! Ei chuá!

CRIANÇAS DA BEIRA

Da doce infância
Vem à face faceira
Que banha de canoa
De cuia, lá na beira
O barco passando
Crianças pulando
Na canoa remando
Sonhando sem parar.

Ainda pequeno aprende a lutar
Enfrentar correntezas
Desviando das incertezas
Seguindo a vida
Com um horizonte para chegar
A idade é de menino
Mas leva esperança no olhar.

Tem alma de passarinho
Nada que nem um peixinho
Sabe com o boto falar
Professor melhor não há
Ensina na beira do rio
Com as ondas faz chuê, faz chuá.

Não tem medo da jararaca
Nem do abraço do tamanduá
À tardinha na beira
Pula n'água o calor vai refrescar.

Sua casa é de madeira
Adoeceu vai para a rezadeira
A medicina é tradicional
O remédio está no quintal.

Casca de goiaba, caju
Folha de boldo e erva-cidreira
Cura diarreia, cólica e dor estomacal.

O banho serenado cura enxaqueca
Tira quebranto e mal olhado
E protege dos seres encantados.

Assim caminham as crianças da beira
Filhos do rio
Afilhados das ribanceiras
Protetores da floresta
Ensinam com a vivência
São flores de uma roseira.

CANOA DA EDUCAÇÃO

Desliza suave a canoa no rio,
Correnteza que leva
A sutileza do saber
Leva a esperança
De tempos felizes
O sonho que tenho
Ao pé de um ipê.

De ver a barriga
Da cultura crescendo
Nela a oralidade
Em escrita se transformar
Por ela o curumim aprende
Que a identidade
Continua em si
Não importa o lugar.

Educação vem da aldeia
Educação vem do lar
Educação vem do rio
De bubuia vem falar.

Educação vem das estrelas
Constelações vão dizer
Que a educação é memória
Emerge cunhã das águas da história.

Rema curumim,
Põe força em teu braço
Mostra que és aprendiz e professor
De um saber que resiste às tempestades
Estufa teu peito e diz:
Aqui bate afirmação, alegria e felicidade.

BANCO DA SABEDORIA

Descanso sagrado
Da anciã à tardinha
Lugar de conversa
Do casal de andorinhas.

De dia um barulho
Dos jovens a conversar
A internet manda o sinal
Com o mundo de lá.

Aqui o sinal
Vem do rio
Solapando esperança
Preenchendo o vazio.

O banco aqui tem valor de escola
Se aprende espiando
Para se defender lá fora
Onde a vida é corrida
E o tempo se conta em hora.

O banco espera o tempo
Chegar para conversar
Do amor e da esperança
A aldeia não pode parar.

Esse é o banco
Solitário a esperar
Quem nele sente e conte
Um saber à beira-mar.

Aqui se registra e se leva
A imagem, miragem, educação
Não se vê, mas ali está
O velho tempo ancião.

TRABALHO INDÍGENA

Na aldeia se planta o amor
Que nasceu com Mani, dela faz o Fani
Faz também a farinha pra comer com mandi.

Lá o trabalho começa bem cedinho
O sol se levanta e põe o povo a caminho
Pega o terçado e o jamaxim, o roçado vai capinar.

Encoivara, planta maniva
O pajauaru deixa a coragem mais ativa
Tira a fome e alegra o ajuri
Na união e partilha tomam vinho de açaí.

Ainda pequeno vai caçar e pescar
O seu remo já está preparado
Na canoa vai remando com cuidado
Desviando de paus e galhos pra não ficar encalhado.

Aprende a plantar e semear
A conhecer as armadilhas da floresta
A desviar dos encantos da matinta
A enganar curupira com cipó.

Aprende a pegar o peixe que vai comer
Ajuda o pai a tratar e carregar
À tardinha na aldeia vai correr
Jogar bola! Sua infância não pode perder.

São vivências um menino
Que sendo criança já tem responsabilidade
Devagar vai trilhando seu destino
Porque os desafios da cidade terão que enfrentar.

RIO

O rio que leva sedimentos
Leva pessoas, sonhos
É abrigo, encanto
Leva cultura, educação
Fazendo banzeiro
Ensinando canção.
Lavando corpos, alma
Regando plantas
Sedentas de proteção.

O rio que leva sedimentos
Une pensamentos
Constrói sentimentos
Fortalece pertencimentos
Canta ninando
O berço da civilização.

É pai, irmão, amante,
Beija a menina
Com amor e paixão
Eita, rio, meu irmão!
Vou deslizando na palma de tua mão.

O SILÊNCIO DA ALDEIA MAPUERA

O silêncio que em mim habita
Que é sentido até por quem nos visita
Vem das pedras e da imensidão.

De manhã é silêncio da aurora
À tarde é silêncio do vento
Que murmura para folha que se agita.

À noite é silêncio quem vem
Com a força da escuridão
Que me diga a bela canção.

Mas existe um complexo de cultura
Que se une e resiste à vida dura
Na certeza de que no silêncio está a educação.

Silenciados buscamos nossa história
De migrações e de lutas com vitórias
Onde a união nos fez seguir e formar nação
Dela fazem parte vários povos vivendo como irmãos.

Kanamari, Wai Wai, Katwena
Mawayana, Tiriyó, Hixkaryana, Wapixana,
Xeréu, Kaxuyana, Mura, Arara, Kahyana,
Tunayana, Xowyana, Parikwoto, Cikyana
Que unidos falam uma só língua,
E cantam uma canção a Tupana.

Esses povos que antes a guerra reduzia
Hoje o amor fez nascer à alegria
De conviver na mesma aldeia
Pescando, caçando, fazendo a farinha.

Um povo que vive sua identidade
E na relação com a cidade
Não perdeu sua língua Karib
Trazendo no seu ser a riqueza da diversidade.

É assim na aldeia Mapuera,
Onde as casas lembram os ancestrais
Na força que vem da mata, da terra e dos animais.

Ensinam na sua cultura a língua, a dança e o canto
A subsistência vem do peixe, da caça e do roçado
O grafismo traz a história desse povo honrado
Que ultrapassou eras e sonha calado
E ensina num silêncio danado.

RIO NEGRO

Quem é que desce calmo
Sem muita pressa de caminhar
Encontra com o navegante
Segue avante e vai chegar.

Quem é que tem águas pretas
Que inunda terras
E chama a árvore pra prosear
Ouve o Amazonas a cantarolar.

Quem é que em suas águas escuras
Guarda segredos de uma nação?
Ajuricaba, o escolhido, sucumbiu na imensidão
Amarrado, espancado, humilhado
Do barco do "descobridor" de negro o rio pintou
Jogou-se em suas águas e nunca mais voltou.

Rio Negro tuas águas contam histórias
Das memórias que Ajuricaba deixou
Das lutas que ele travou
E como onça era temido pelo explorador.

Oh, Rio Negro, que tu possas correr sem poluição
Carregando em tua canoa fertilidade
Que faz a vida germinar a vida
Amazonizando a nação
Em cada pulsar do teu negro coração.

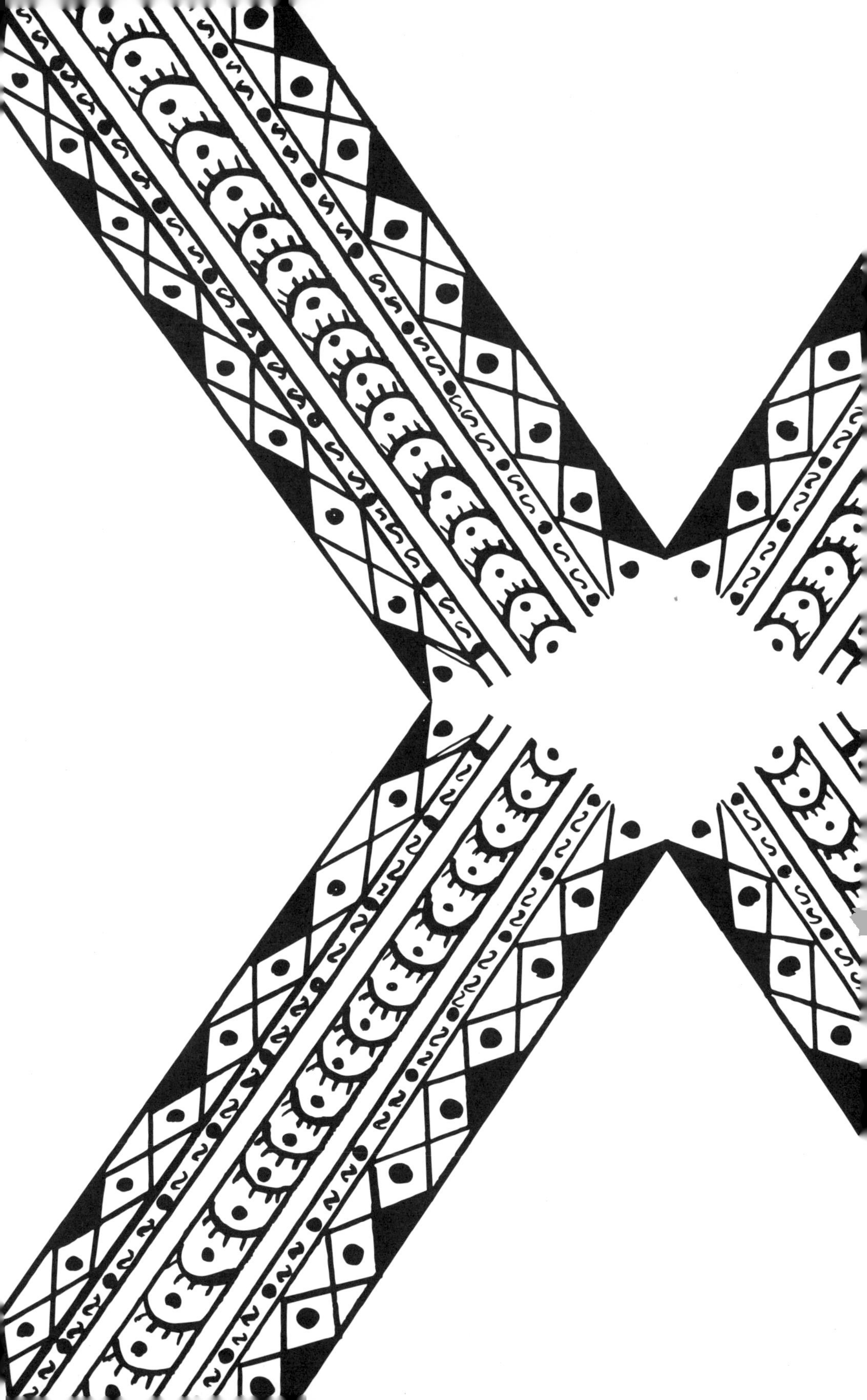

GLOSSÁRIO

Ajuri: Mutirão, em geral, para fazer um roçado ou uma pescaria coletiva [págs. 148, 158].

Ajuricaba: Foi um líder indígena do século XVIII, que se revoltou contra os colonizadores portugueses, tornando-se símbolo de resistência [pág. 159].

Anawê: em tupi significa salve, viva, alegria, festa [págs. 7, 33, 98, 101].

Arabé: palavra em Tupi Kambeba que significa inseto [págs. 89, 98].

Arumã: Folhagem alta da Amazônia da qual os povos originários extraem fibras para confeccionar cestas e tecidos [págs. 95, 134, 149].

Aturá: Cesto grande e cilíndrico que os indígenas carregam nas costas [pág. 149].

Awá: Homem [pág. 152].

Bembeké: Arco, do arco e flecha [pág. 149].

Bodó: Peixe da Bacia Amazônica, também conhecido como bajurqui e acari [pág. 148].

Bubuia: estado em que a pessoa deita no rio e fica flutuando sem afundar [pág. 154].

Caruci: rio da Bacia do Arapiuns, na região de Santarém, estado do Pará, e também o nome da aldeia do povo Arapium [págs. 55, 56, 147].

Chibé: mistura de água, farinha e sal que se toma na lida do trabalho [pág. 131].

Cunhã: em tupi significa menina [págs. 32, 129, 146, 156].

Curaca: Mesmo que morubixaba, chefe indígena [págs. 74, 82, 98].

Fani: prato preparado à base de peixe com macaxeira. Um dos pratos mais apreciados pelos Omágua/Kambeba [págs. 24, 158].

Guaricaya: divindade protetora da cosmologia do Alto Amazonas, que ajuda os pajés na cura dos enfermos. Também é o responsável pela iniciação dos guerreiros, por meio de provações para que os jovens enfrentem seus medos e adquiram coragem e bravura. Os missionários colonizadores o associaram à figura cristã do demônio [pág. 74].

Iuyria: na língua Tupi Kambeba significa mata [pág. 33].

Jamaxim: cesto longo de três lados. Os povos da Amazônia o carregam nos ombros ou presos na testa por uma alça, repousado nas costas [págs. 134, 158].

Kaaeté: a floresta, a mata [pág. 81].

Kanata ayetu: luz radiante que enviou uma gota de água que, ao dividir-se, deu origem ao homem e à mulher [págs. 19, 33, 81].

Kariwa puxi: homem mau [págs. 136, 137].

Katu: bom, boa [págs. 40, 81].

Mandi: peixe da Bacia Amazônica, com até 17 cm de comprimento [págs. 30, 148, 158].

Mani: faz parte da mitologia tupi-guarani. Mani, uma menina de pele muito branca, morre misteriosamente ainda muito pequena. No lugar em que é enterrada, nasce uma planta, cuja branca raiz se torna um rico alimento para a aldeia, a mandioca [pág. 158].

Maniva: pé de mandioca [pág. 26, 158].

May-sangara: alma sagrada [págs. 27, 79, 98, 100].

May-tini: homem branco [págs. 58, 136].

Mekó: era a onça dona do fogo em uma lenda indígena [pág. 82].

Morototó: árvore presente da Amazônia ao sul do Brasil.

Também conhecida como mandioqueira. Suas sementes, leves e muito pequenas, são utilizadas pelos povos amazônicos para confeccionar adornos e acessórios [pág. 134].

Muracy: nome de um líder pajé [pág. 100].

Naiá: personagem lendária Tupi Guarani. Era uma linda índia que, apaixonada por Yaci (o guerreiro Lua), mergulha num lago ao ver a imagem dele refletida. Compadecido por este amor, Yaci a transforma na vitória-régia [pág. 149].

Nhanderu: Grande espírito (ou Deus, na cultura do não indígena) [págs. 7, 100, 144].

Pajauaru: bebida alcoólica indígena. É produzida a partir da fermentação de um caldo de beiju de mandioca [págs. 34, 158].

Panema: infortúnio, falta de sorte [págs. 89, 148, 149].

Patawá: palmeira de cujos frutos é feito um refresco de alto valor nutritivo. Além disso, o suco de patawá tem propriedades antiasmáticas [pág. 134].

Paxiúba: palmeira amazônica, de cuja madeira os indígenas confeccionam arcos, flechas, lanças e outros utensílios domésticos [pág. 36, 151].

Payé: Pajé, líder espiritual e curandeiro [pág. 98].

Pirá: Peixe, de forma geral [pág. 152].

Sacaca: feiticeiro, o mesmo que pajé [pág. 82].

Tawari: árvore alta da Amazônia, cujas folhas fornecem uma fibra utilizada para a confecção de cordas e para enrolar fumo. Sua casca representa o fumo sagrado usado para a cura pelo pajé [pág. 75, 100].

Tayassu: porco do mato, queixada [pág. 81].

Timbó: planta de cujas cascas ou raízes são extraídos venenos para tinguijar, isto é, envenenar os peixes para pescá-los [pág. 148].

Tipiti: cesto cilíndrico de palha onde se coloca a massa da mandioca para ser espremida [pág. 134].

Tuiuka: terra, de onde provêm os alimentos e a vida. Também é o nome de um dos povos originários, que vive na Amazônia, entre o Brasil e a Colômbia [págs. 29, 33, 79, 99].

Tururucari: cacique principal, líder dos demais caciques do povo Omágua/Kambeba [págs. 44, 99, 100].

Tuxaua: chefe político e temporal da aldeia. Cacique, morubixaba, zana [pág. 43].

Uka: casa, morada, lar [págs. 25, 30, 51, 62, 68].

Urucari: palmeira da Amazônia usada para cobrir as casas dos indígenas [pág. 30].

Waimi: na língua Tupi Kambeba significa anciã [pág. 30].

Yacu: pássaro jacu [pág. 152].

Yawaretê: em tupi é onça [págs. 13, 82].

Este livro foi composto nas fontes ITCStoneSerif e Fulbo, impresso em papel Cartão Supremo 250g/m2 para a capa e Offset 90g/m2 para o miolo pela Gráfica Expressão & Arte, em fevereiro de 2025, na Coleção Insurgências, da Editora Jandaíra.